感悟领导

GANWU LINGDAO

翁礼华 著

中国财政经济出版社

前　言

"舞台小人生，人生大舞台"，在人类社会里，每个人都扮演着不同的角色。按行业分，中国古代有士农工商四民，现代有工农商学兵不同；按隶属关系分，古代封建社会有君臣绅民四等，现代工商社会有官民之别、白领蓝领之分。其实，从管理功能来看，无论当官为宦还是做企业家任经理人，都是肩负管理责任的领导者，其与下属的关系皆属领导与被领导的关系。与被领导者一样，领导者是人生大舞台上不可或缺的角色。

古今中外，大千世界，领导者无处不在。无论是男女还是老幼，在各种组织内被称为领导者的人比比皆是。年少者今天不是领导者，明天将成为领导者；年长者今天领导别人，退出领导岗位后又不可避免地被人领导；有的人即使在工作单位里不是领导者，由于是家庭主角回到家里也是"一家之长"的领导，甚至还要领导相当级别的领导者。

如果从思想层次上进行分析，领导不完全是一种地位职务，在人际间随时随地存在的积极而且常常引发互动的影响力也是一种潜在领导。它既会影响别人，也会受别人影响。这就是说，世界上每一个人都有可能是领导者，不是现实的，便是潜在的；不是长期的，便是即时的；或者是几者兼而有之的。

由此可见，如何做好领导工作，当好领导者是任何人都不能回避的学问，因为每个人都有可能在不同环境、不同时间、不同地点、不同场合、不同条件下充当领导者的角色。同时，领导也不仅仅是伟大人物的专利，而是每一个平凡者都能学习且能付诸实践的科学和艺术，是一种人生不可或缺的智慧。

翁礼华

目 录

壹 领导者的产生及其要求 001

（一）领导者的产生 —————————————— 001
1. 创造财富产生协作
2. 优化资源配置产生管理
3. 协作和管理需要领导

（二）"领导"的涵义 —————————————— 003
1. 字面涵义
2. 引伸内涵

（三）领导者的一般行事原则和思维 ————————— 005
1. 原则
2. 思维

（四）"领导"的职能 ————————————— 007
1. 宏观职能：为人民服务，构建和谐社会
2. 微观职能：管人、管事、管协调

（五）领导者的素质 ————————————— 011
1. 有德
2. 有才
3. 有表率

（六）领导力在于创新 ———————————— 017

（七）对手决定领导的重要性 ————————— 018

贰 领导者的特殊平台 019

（一）领导岗位的优势 ————————————— 019
1. 位置决定视野
2. 矛盾锻炼能力

（二）领导岗位的缺憾 ————————————— 021

1. 忙于事务，学习时间少
2. 服务周到，自理能力减弱
3. 容易放大自身缺点的岗位
4. 要为人师表，就不能过度张扬个性

（三）领导者面对诸多"最难" --------------- 026
（四）筚路蓝缕者的体会 ------------------ 028

叁 "人"是领导工作的出发点和归宿　　029

（一）参透人性，才能感悟领导 -------------- 029
（二）人的共性 ------------------------ 031
1. 人是万物之灵长
2. 人是有思想的动物
3. 人是群居的动物
4. 人是环境的产物
5. 人是文化的沉淀
6. 人是自己观念的产物
7. 人是最敏感的动物
8. 人是有时间观念的动物
9. 人有趋利避害的本能，也有利他的善举
10. 人是嫉妒的动物
11. 人是具有攻击性的动物
12. 人的活力在于危机
13. 人是最可爱也是最卑鄙的东西
14. 人的道德是恐惧的产物
15. 善和美是后天教化的结果
16. 人是适于"四两拨千斤"的动物
17. 人过度依赖工具，自身能力在减退
18. 人体凡是对称的器官都有主次之分
19. 人是自然界惟一躯体结构设计与功能应用不配套的动物

（三）男女有别 ------------------------ 040
1. 对待生活

2．交谈表现

3．思维差异

4．脾气差异

5．选择占有

6．同性关系

7．男女盛衰

（四）女性若干心理 ----------------- 044

1．欣赏年轻貌美的恭维

2．喜欢平等的礼尚往来

3．寻求有同情心的倾听

4．实际执着的爱情追求

5．常需要独处以作休整

6．在乎自己事业的成功

7．希望丈夫是自己朋友

8．女性婚后的三个阶段

（五）中西差异 ---------------------- 046

1．低调与张扬

2．综合与分析

3．形式与内容

4．等级与平等

5．家与国

6．口与心

7．变通与法治

8．急功近利与立足长远

9．有罪推断与无罪推断

10．征服自然与改造思想

11．象形文字与抽象文字

12．食物、性格与面子

13．以人为本与以道（理）为本

14．居住差别

15．是与非

肆　人性差异源于文化的不同　057

- （一）古代中国人对文化的理解 —————— 057
- （二）文化的定义 ———————————— 058
- （三）文化的分层 ———————————— 059
  1. 物态文化层
  2. 行为文化层
  3. 制度文化层
  4. 心态文化层
- （四）人类文化的三大类别 ————————— 060
  1. 大陆农耕型
  2. 海洋商业型
  3. 沙草游牧型
- （五）中国传统的儒佛道文化 ———————— 061
  1. 儒家文化
  2. 佛教文化
  3. 道家文化
  4. 传统文化的思想要点和作用
  5. 传统文化的养生之道
  6. 传统文化给予百姓的不同空间
- （六）西方基督教文化 —————————— 077
- （七）中西文化差异的成因 ————————— 080
  1. 海洋商业型文化成因
  2. 大陆农耕型文化成因
  3. 海陆文化的不同特点
- （八）文化的多样性、先进性、融合性及其表现 — 084

伍　建立良好的人际关系　087

- （一）人际交往的原则 —————————— 087
  1. 互益

    2．诚信
    3．尊重
    4．宽容
    5．适度
  （二）克服影响交往的心理障碍 - - - - - - - - - - - - 092
    1．自卑
    2．自傲
    3．自恋
    4．自私
    5．害羞
    6．封闭
    7．恐惧
    8．孤僻

陆　为人处世的辩证关系　095

  （一）利弊得失 - - - - - - - - - - - - - - - - - - - 095
  （二）喜忧义利 - - - - - - - - - - - - - - - - - - - 096
  （三）真假美丑 - - - - - - - - - - - - - - - - - - - 098
  （四）上下进退 - - - - - - - - - - - - - - - - - - - 099
  （五）大小长短 - - - - - - - - - - - - - - - - - - - 100
  （六）荣辱勤懒 - - - - - - - - - - - - - - - - - - - 101
  （七）动静曲直 - - - - - - - - - - - - - - - - - - - 103
  （八）善恶爱恨 - - - - - - - - - - - - - - - - - - - 102

柒　理财是领导者不可回避的问题　105

  （一）钱币的起源和发展 - - - - - - - - - - - - - - - 105
    1．从齿贝到工具形钱币
    2．从工具形钱币转变为重量型方孔圆钱
    3．从重量型方孔圆钱演进为通宝型方孔圆钱
    4．大量铜钱用于铸造佛像，引发北宋纸币面世

5．无准备金的纸币导致通货膨胀及明中叶银本位制的确立
6．美国购银法案和1935年中国纸币制度的重建
7．纸币上的人物

（二）理财十要 -------------------- 108
1．功夫在财务之外
2．要"以人为本"
3．要"四两拨千斤"
4．要给"会干活的孩子多吃奶"
5．要推行"垫凳腿"政策
6．要尽可能"花钱办事不养人"
7．要把"蛋糕"做大
8．要坚持"小河有水大河满"的方向
9．要建立寓约束与激励为一体的理财机制
10．要坚持有所突破的创新精神

（三）经营十识 -------------------- 115
1．危机意识
2．竞争意识
3．创新意识
4．战略意识
5．市场意识
6．知本意识
7．知识管理意识
8．资本营运意识
9．组织重构意识
10．可持续发展意识

捌　领导者的工作技巧和智慧　119

（一）功夫在权力之外 ---------------- 119
1．领导者的功夫在权力之外
2．领导工作既是科学，也是艺术，更需要智慧
3．善于思考是领导者的入门之道
4．理性思考，不能都用理性表达

  5．经历是领导者的宝贵财富
  6．增强记忆与表达能力，拉近人际距离
（二）**权衡于思辩之中** ------------------ 125
  1．置局部工作于全局之中
  2．工作要有程序性、前瞻性和创造性
  3．感情不能代替政策
  4．急事缓处，缓事不拖
  5．合理的问题不一定都合法
  6．要在制度框架内寻求突破
  7．个体问题不宜群体化
  8．想不出新办法，老办法便是好办法
  9．不能以道德取代法律
  10．软硬兼施，以软为主
  11．在变中求进
  12．细节也是大政
（三）**力量来自人心** ------------------ 134
  1．建设和谐班子重在真诚沟通
  2．批评不在于批，而在于评
  3．与下属保持圆心与圆周的关系
  4．相互依存比竞争更重要
  5．成就下属，才能凝聚人心
（四）**综合才能创造** ------------------ 140
  1．综合才能创造，渗透才会突破
  2．凡事预则立，要三思而后行
  3．超越下属的工作层次
  4．主次分明，切忌越位操作
（五）**文化是无形之力** ------------------ 145
  1．风格就是特色，否定也是权威
  2．形成认同文化，产生集体力量
  3．发挥想象，激发灵感，增进创造能力
  4．理念主宰一切
  5．挫折改变观念

6．工作要认真，生活要天真

（六）身教胜于言教 —————————— 151

    1．领导者不是强者，而是审慎者
    2．以身作则，用高尚的人文精神感召人
    3．永远有一块看不见的石头
    4．以出世之心，做入世之事

玖　学习能力决定领导者的成长　　155

（一）态度决定学习效果 —————————— 155

    1．要有紧迫感
    2．要扎实学习
    3．要刻苦学习
    4．要戒骄戒躁

（二）读书是主要学习形式 ———————— 158

    1．书是知识之源
    2．无字书与有字书一样重要
    3．读书有利于思考和思想传递
    4．为做人做事读书
    5．把书读好读活
    6．随时都是读书好时光
    7．读书之乐乐无穷
    8．心静才能读书
    9．将书读进人生
    10．不为炫耀藏书

（三）交流交友也是学习 —————————— 171

（四）终身快乐学习 ——————————— 171

拾　追求幸福是领导者的人生目标　　173

（一）人生是个过程 ——————————— 173

    1．人生是一个过程，其意义在于丰富多彩

2．只能追求过程，不能追求结果
　　3．快乐是人生的硬道理
　　4．人生是寻觅和发现快乐的过程
　　5．快乐不能一步到位
　　6．为别人创造快乐，才能使自己更快乐
　　7．爱是快乐的源泉
（二）欲望要适可而止 -------------------- 179
　　1．人不可没有欲望，但要适可而止
　　2．钱是人生的一部分，人生绝不是钱的一部分
　　3．人生没有受不了的罪，只有享不了的福
（三）不要迷失自己 -------------------- 184
　　1．人贵有自知之明
　　2．别让自己迷失在细节中
　　3．领导者是最容易迷失自我的人群
　　4．有心有物才富贵
（四）有放弃、有准备才有效益 -------------- 186
　　1．人生不能埋怨生活
　　2．放弃也是效益
　　3．才能为机遇所准备
　　4．心态是无形的文化
　　5．随时随地准备死，千方百计争取活
（五）主动、认真和坚持是成功的三部曲 ---------- 192
　　1．主动选择，创造精彩人生
　　2．真诚和认真是成事之道
　　3．坚持到底，不要使人生成为一堆碎片
（六）好奇求新，适应环境 ---------------- 194
　　1．好奇求新，保持心理年轻
　　2．改变性格，改变命运
　　3．改变心态，适应环境
　　4．学会简单
　　5．要另有谋生之术

（七）攀登人生境界高峰 ----------------- 199
1. 善于与自己和谐相处
2. 人生的一切紧张，都是为了放松
3. 懂得休息与懂得工作同样重要
4. 智慧比聪明更重要
5. 与睿智者同行，才能走得更远
6. 超越知识，攀登人生境界高峰

（八）追求幸福是人生永恒目标 ------------- 206
1. 今天是你最年轻的一天
2. 成功是一种心理满足
3. 幸福是一种感受
4. 幸福要有成本
5. 欢乐与痛苦在所难免
6. 常怀感恩之心，让幸福永驻

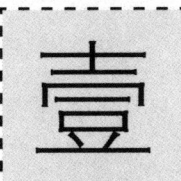

领导者的产生及其要求
LINGDAOZHE DE CHANSHENG JIQI YAOQIU

(一) 领导者的产生

1. 创造财富产生协作

追求财富、自由、和谐是人类三大终极目标。追求自由是所有动物的天性，追求财富仅仅是包括人类在内的少数动物的天性，追求和谐则是人类为了协作创富所产生的特有目标。而人类对于财富追求的热切更为其它动物所难以企及。例如，老鼠、蚂蚁只能贮藏自然财富，而人类除了利用自然财富外还要创造新的财富，并把财富变成更容易流通的金钱，然后再把金钱进一步转变成携带极其方便和安全的电子货币。

人类追求财富，并且能不断创造新的财富。由于财富不是一个人能够创造的，往往需要人际间的协作。即使组织两个人抬木头，若不通过喊口令统一步伐，便难以协调一致，更不用说从事某项具有开创性的工作时，需要有人组织诸多参与者和协调相关事宜的必要性和重要性了。

早在远古的农耕时代，人们创富要以家庭为单位进行耕种协作和以部落为单位的水利灌溉协作；随后的手工业时代就发展为作坊式的协作；近现代在工业革命的推动下，进一步转变为企业协作。

今天，随着平等基础上进行自愿交换的市场经济制度的出现，人们不仅要实现跨越国界的全球范围协作，而且要进一步把协作转变成一种行为规则。这就是说，一方面允许个人有追求利益的权利，另一方面也不允许个人有侵犯他人利益的行为。在这两个前提下，市场经济不仅有力地鼓励人们进行优胜劣汰的竞争，同时也使协作关系的稳定维持有了制度上的保证。总而言之，人类要生存、要发展、要稳定持续走向富裕就不能没有协作。

2. 优化资源配置产生管理

人类是地球上200多万种动物之一种。众所周知，大凡两条腿的动物都有翅膀且会飞，如今日早已退化的家禽即使不能飞得很远，但扑腾一下还能飞上农家的篱笆和矮墙，拥有两条腿而没有翅膀的人却完全不可能作同样的扑腾。这就是说人其实不是两条腿的动物，而是四条腿着地的哺乳纲灵长类动物。只不过人为了站得高看得远，为了把着地走路的前腿省下来变成能操纵工具的手，才勇敢地从古猿中分化出来，成了高瞻远瞩，且能使用工具的立行动物。至于爪与手的区别在于爪不能对指，也就是大拇指不能与食指、中指、无名指、小指分别一一相对，而不能对指就意味着无法巧妙地运用工具和自己的聪明才智创造财富。所以说，人之所以成为人，是由于人有手，手成了人与其它动物的最大区别，其它动物就由于没有手而屈从于人，被人所统治和驾驭。

人类自从与猿猴相揖别，依靠自己的聪明才智，借助和创造工具，大规模地利用和消耗自然资源，在地球上创造出无与伦比的文明，从而也就不可避免地带来了供应与需求的矛盾。供求矛盾主要表现为两对：一对是资源的有限性和人类欲望的无限性之间的矛盾；另一对是人类创造的有限性与人类消耗的无限性之间的矛盾。

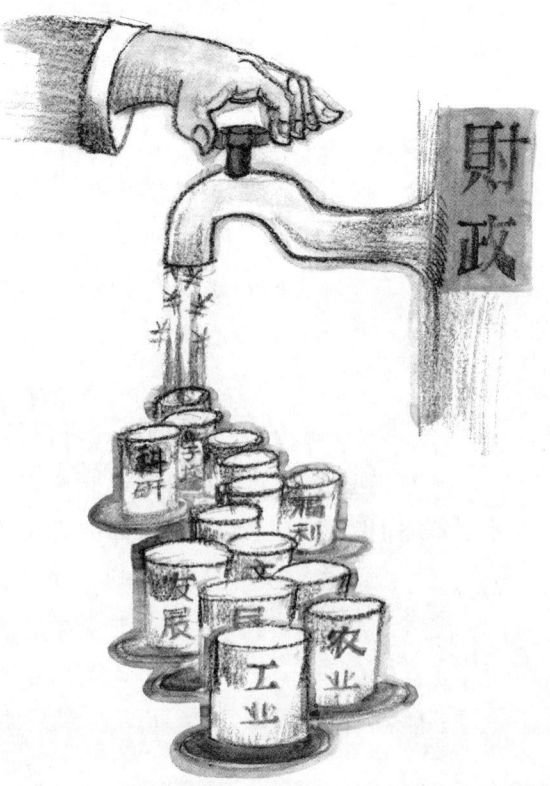

要解决这两对矛盾，就自然而然地引出了一个如何高效利用和分配资源的问题。这就是说，要科学地把有限资源分配到最需要的地方，加以有效利用，就离不开组织、分配和具体协调等一系列涉及管理的问题。并且，只有通过科学管理才能对全社会资源进行优化配置，实现人类社会的可持续发展。

3. 协作和管理需要领导

如何进行协作和管理是一门实践特征很强的综合学科，它既需要经验，也需要理论。从内容来看，它不但涉及自然资源的配置和科学技术的应用，也涉及人力资源的管理和人的发展。因此，协作和管理不仅是程序性很强，可以复制的理性，也因文化背景不同，以及人与人之间的差异而呈现出明显的感性。尤其是管理，它既是科学，也是艺术，是一门不断完善、永无止境的学科。随着经验的积累、科学的发展和文化的进步，人类管理发展经历了三个阶段：首先是经验管理；此后是科学管理；随着生产力的发展和生活水平的提高，当今已进入了文化管理（亦称艺术管理）阶段。

由于协作和管理本身离不开人的组织和引导，这就决定了在管理中不但要有"领导者"，而且还要在其中发挥必不可少的核心和主导作用，来推动整个管理工作持续不断地向前发展。领导首先是一种责任，而不是权力和利益。权力只不过是领导者履行职责的工具，利益仅仅是管理中的相应报酬而已。从整体上来看，领导在构建和谐社会的过程中，起着举足轻重的作用。

（二）领导的涵义

汉字作为象形字，其词汇大多由两个字组成，如视察、考察、感觉、看见、相信等等，一般第一个字是生理反应，第二个字是心理感受。"领导"一词也不例外，"领"是行动，是"因"；"导"是感受，是"果"。由于繁体字导的上偏旁为"道"，下偏旁为"寸"，而道在中国文化传统中意味着客观规律，所以导还有着有分寸地把握客观规律的要求。

1. 字面涵义

"领"是领头，"导"是导向。顾名思义，"领导"是走在人们前头，带动群众开辟道路的不断前进者！这就意味着领导者不仅要有见微知著的敏感性、预见性，牢牢把握正确的大方向，还要有一定的先进性。当然领导者也不能太超前，因为过度超前"群众连领导者的屁股都看不见了"就会物极必反，脱离群众。

按儒家伦理等级原则来推导，领导者还有"大"于下属的内涵。汉字"大"的本身由"一"和"人"两个偏旁组成，而"一"字状似扁担，故"大"的象形字结构有"挑担子者"的含义，即领导者首先是负有责任的人；其次，从"一"字平放在"人"字中间来看，领导者还有不偏不倚平衡各方面利益的职责。

2．引申内涵

在服装业，"领"指衣领，由于它与"袖子"一样属于技术要求高、制作难度大的部位，因此，能将领子和袖子制作得十分得体者，无疑是其中的佼佼者。因为这样的服装不但外观具有令人喜爱的艺术性，制作又表现出精工细作的缜密性。为了形象表达，人们便顺理成章地将社会上的高级领导称之为"领袖"。这就意味着作为一名领导者，自身必须具备高超的综合素养，既要有精工细作的理性思维，也要有独具一格的艺术内涵。只有理性思维的领导，可以把细节管理做得很出色，但很难有飞跃式的创新；只有艺术思维的领导，可以把发展前景想象得十分美妙，但要将这些美好设想落到实处同样会因为缺少缜密组织和管理而难以贯彻。

（三）领导者的一般行事原则和思维

1．原则

(1) 目标准确

领导者所从事的领导工作是一种管理手段，不是目的。一切领导工作的目的都是为了帮助人们合理利用和配置各种有限资源。为了达到这一目的，领导者务必酌量本地本部门的实际情况和外部条件，认真分析人的差别，找到适合所有人的共同要求，设定既不冒进也不落后的奋斗目标。目标确定后，领导者才能带领群众沿着正确的道路前进。

(2) 以人为本

由于人世间一切管理工作都离不开人的设计、安排、落实、执行，因此，以人为工作对象的领导者，随时随地都要从人的特点和需求出发，将心比心，把协调人际关系、引导人的行为、激发人的积极性，作为自己工作的出发点和归宿。倘缺乏对人的充分了解和透彻研究，便难以在保持个人独特性的同时创造一个统一行动的局面，导致领导工作陷入困境，难以赢得人们发自内心的拥护和支持。因为，归根到底"理性的逻辑仅仅是人类情感的工具而已"，即使纯理性的科学发明，其原创性的起点亦常常离不开科学家个人瞬间感性的灵感和顿悟。当年，牛顿躺在苹果树下，从苹果掉到地上的瞬间，突然领悟并进而发现万有引力便是最有力的例证。

(3) 敏锐果断

视野开阔，敏锐、果断，比下属有更多的涉猎和远见是领导者与一般人的最大区别之一。在实际领导工作中既没有有求必应的神丹妙药，也没有一成不变的具体措施，唯一的办法便是在不断的学习和领悟中积累。尤其是在学习他人的领导方法时，我们要注重学习他们敏锐的思想和睿智果断的精神，而不是哪些具体的方案和实施细则。适合自身需要的方案和细则，几乎都要根据各自领导工作的实际情况，把理论和实际有机地结合起来，通过集思广益、融会贯通，才能达到创造性运用的程度。

(4) 追求成效

人类之所以需要管理，其中一个重要原因就是人世间的稀缺资源满足不了人们不断膨胀的欲望。因此，为了使有限的资源发挥更大的作用，我们无论做何种性质的领导工作和采用什么样的领导方法，都要考虑工作的效率和效益。也就是说，只有时刻注意确保各项工作的经济性，才能保证领导工作的卓有成效。

2．思维

（1）具体问题，具体分析

人们知道，领导工作离不开经验。但作为领导者，仅仅凭借自己以往的经验行事是不够的，尤其是面对那些已经千变万化了的具体情况，不加分析，一厢情愿地沿用自己过去的直接经验来从事领导工作，是十分危险的。可以肯定地说，如果有人用这种思维做领导工作，在实践过程中，十有八九会碰得头破血流，因为客观事物在不断发生变化，对具体情况进行具体分析的实事求是精神是我们一切工作的基础。

（2）利益各方，尽量摆平

人类世界能保持多样性、持续性，其奥妙在于平衡。对领导者来说，尽量照顾各方面的应得利益，使有限的资源投入获得尽可能多或高的回报，不仅是领导者的目标所在，也是衡量一个领导者领导水平高低的标志。

（3）复杂问题，化为简单

人类社会能把明白的东西弄糊涂才有了文学，而把糊涂的东西弄明白才产生了科学；同样能将复杂问题简单化的人是大师，而把简单问题复杂化的人则是专家。领导学就是管理学，它首先是科学，因此，领导者也应该是大师而不是专家。领导者必须以复杂问题简单化为己任，以领导层次扁平化为构架，用人们最易理解的方式、方法来阐述和实现自己的领导意图。

（4）成效如何，责任在己

一位著名的教育家曾说过：世界上没有教不好的学生，只有教不好学生的教师。推而广之，在领导工作中没有做不好工作的群众，只有做不好群众工作的领导者。的确，在多变的环境中各种各样的人都有自己不同的价值观、人生观、世界观，唯一可控的是自己。可见，每一个领导者都要从认识自我着眼，从改变自己入手，寻求可控的成功之路。

（四）领导者的职能

人世间，无论从事何种工作都有其专业职能和共同职能，领导者也不例外。因此，除了不同行业的不同专业职能外，领导者都具有宏观和微观的共同职能。在当今中国，领导者的共同职能：一是"为人民服务，构建和谐社会"的宏观职能；二是"管人、管事、管协调"的微观职能。

1. 宏观职能：为人民服务，构建和谐社会

无论在公营机构，还是在私人单位担任职务的领导者，不管其主观愿望如何，客观上都是为人民服务。即使腰缠万贯的大老板也得"和气生财"，其赚钱尽管主观上是为自己，但客观上也是为社会，因为他与常人一样，消费有限，生命有限，在离世之时不可能把人间财富带进天国。

自古以来，我国无数有志之士崇尚"民为本，君为轻"的"天下为公"思想，向往着建立理想的和谐社会，作为现代社会的领导者更不能例外。

"和谐"一词,由汉字"和"与"谐"两字组成,"和"从"禾"从"口",意味着人人有饭吃,有生存权利;"谐"从"言"从"皆",意味着人人能讲话,有民主权利。而由"禾"和"急"两个偏旁组成的"稳"意味着,手里有"粮"老百姓人心就稳定不"急"了,如果没有粮老百姓的人心就会着急得不稳定了。至于"食"和"反"两个偏旁组成的"饭"字,则清晰地告诉我们,天下百姓"无食则反"的基本道理,生动地表达了当今中国缩小贫富差距,构建和谐社会的必要性。

2. 微观职能:管人、管事、管协调

(1) 管人

一是管自己;二是管下属。"管"字,从"竹"从"官","竹"为古代的书写材料,是刻有法律制度的竹简;"官"则是负有一定责任的领导,从其字形来看上部的宝盖头是公堂,下部有一竖用来沟通上下级关系之两"口",意味着为官者要出于公心,肩负承上启下之责;两者合起来的"管"则意味着领导者要负起按法律制度办事的责任。管人的目标是最大限度地调动人的积极性和创造性,包括自己的积极性和创造性。

古人非常强调"天时、地利、人和"的重要性,而其中"天时"不如"地利","地利"又不如"人和"。只要"人和",什么事情都好办,所以领导者一定要将"人和"抓好。《论语·子路》说:"其身正,不令而行;其身不正,虽令不从。"古谚称:"桃李不言,下自成蹊。"都强调领导以身作则的重要性。因此,管人应先管好本人,从不断地提高自身思想和业务素质入手。第一要掌握本部门的业务;第二要有宽阔的知识面,要多读书,丰富自己;第三要多和下属、同事交谈、探讨,拓宽自己的社会知识面;第四要

不断地提高自身的口头表达能力和文字写作水平。

同时，要注意改进工作方法，理清工作思路。一是要严于律己，宽以待人，胸怀豁达，开诚布公。要吃苦在前，享受在后，带头苦干、实干。要带头遵守纪律，以模范的行动来带动整个部门或单位的工作。要善于听取不同意见，不光要有肚量，而且要有胸怀。二是要敢于探索、敢于创新。在当今改革开放年代，假如不探索、不创新，工作的领域将越来越窄。三是碰到问题不要互相责怪、推诿。责怪、推诿是解决不了问题的，相反只会徒增新的矛盾。四要关心下属，团结同事，善于调动一班人的积极性。领导者要有才能，但主要领导的工作不是与周边的下属和同事比个人才能，而是要不断地与自己的缺点和弱点作斗争，致力于研究如何最大限度地发挥周边一班人的才能和智慧。所以，领导者要努力创造一种人格的力量，带动和影响周围的同事，达到"不令而行"、"下自成蹊"的境界。

曾记得，前几年，我右手受重伤住院治疗期间去上天竺散步，在禅寺回廊的墙壁上发现贴着佛教界告诫信徒的二十句话。其中有两句话与世俗的关系最为密切：一曰人生最大的财富是健康；二曰人生最大的敌人是自己。一个人健康的时候，真体会不到健康的可贵，一旦失去健康才痛感健康之宝贵。年过半百的我，对于"手"从来没有研究和认识。1996年4月1日上午去浙江大学经贸学院给研究生班讲课，不幸摔倒在地，右手被玻璃茶杯切割重伤。刹那间血流如注，血管、神经、肌腱皆断，生活、工作顷刻间无从谈起。儿时读过"切肤之痛"的成语，40多年后才将其含义"印在脑子里，融化在血液中，落实在行动上"。嗣后在辗转浙江医院、上海华山医院治疗期间，才知道生物界中只有人的手具有对指功能，所以，手是人和动物的重要区别之一。一位在杭州邵逸夫医院工作的美国医生说："唯有人，才有手；唯有了手，才成为人。"如果不能把手伤治好，那就将失去作为人的重要功能，其后果不堪设想。健康真是人生的最大财富！当我看到第二句话时，不由得想起唐代杜牧《阿房宫赋》中的一段话："呜呼！灭六国者，六国也，非秦也。族秦者，秦也，非天下也。"真是令人振聋发聩。一个人、一个单位的敌人不也是自己吗？！当今，就拿一些行政执法部门来说，其工作人员办理社会事务往往比其他人顺手，个别不知就里者还颇为自得。其实这多半非本身才能使然，乃权力所致，而且此等事宜倘办得超过限度，不是祸起萧墙，就是社会上闲言碎语、怨恨诽谤由此而生。所以，我们作为领导者务须"如履薄冰，如临深渊"以自律，凡事把握左邻右舍之间的平衡，做到将心比心，适可而止，平顺之际要考虑拂逆之时，将夹着尾巴做人作为每个领导者的座右铭。

管人也要管好别人。第一是领导要懂得用人之道，要用人所长，补己所短，把人才放在合适的位置和平台上，懂得尊重和信任人才，懂得建立责、权、利相对应的激励机制。第二要建立规范化、制度化的管理，绝对不能有随意性。同时，对不同类型的人要实行分级管理，不要越俎代庖。第三要从尊重人、关心人入手，启发大家的主动性、创造性。第四要培养人，提高下属的素质。第五要敢抓敢管，原则问题不能姑息迁就。

(2) 管事

"管事"，先得从"事"字说起。"事"在商务印书馆出版的《现代汉语词典》中解释为"关系和责任"，在中华书局出版的《说文解字》中解释为"职也"，如果将两者联系起来，"事"即为"有关关系的职责"。所以说，"管事"就是要"尽到处理关系的职责"。

因此，强调管事，首先就要强调尽职尽责，做好本职工作。在这个基础上，领导者"管事"要做好七项工作。第一，工作思路要清晰。国家的大政方针要了解，员工的想法要摸清，本地本行业实际要结合。这样，工作才有清晰的思路，工作有思路，实际工作才有道路。第二，办事要讲究程序。第三，集思广益，提倡科学决策。第四，工作要有合理分工。第五，工作要有计划、要有目标。第六，在综合平衡的基础上，工作要抓重点，抓主要矛盾。第七，要抓检查落实，做到办一件成一件。

(3) 管协调

事物总是普遍联系和相互矛盾的，凡是有人类居住的地方都会产生不平衡，要取得新的平衡，非做协调工作不可。在这里，我们不妨将"协调"两字拆卸开来加以理解。"协"字左边是十字穿心，说明做协调工作要诚心诚意；右边繁体字是三个"力"，说明要一而再、再而三地花力气，并且要把三个代表不同利益的"力"量配置好。简体字"协"的右边是个"办"字，再拆卸开来，"办"字当中有一个"力"字，力字身前背后又各有一点水，同样说明要付出力气和汗水。因此，"协"字就表明我们在做协调工作时必须怀着坦诚之心，不遗余力地付出辛勤劳动，以便把各种力量糅合在一起。"调"字，左边是个"言"字，右边是个"周"字，意思显然是协调时讲话要周到、得体。所以说，做协调工作一定要诚心诚意、尽全力、言语周到、不厌其烦，才能平衡各方，取得协调的成功。

协调按照其对象，可分为内部协调和外部协调。这当中须处理好六个关系：一是处理好上下左右关系。上的关系是处理好与上级领导的关系，当好上级领导的参谋，争取上级领导的支持；同时要处理好相邻部门的关系，求大同，存小异，相互支持，互相理解；对下级要尽量倾听各种不同意见，用说服的办法来解决处理问题。绝不可沾染上明末袁宗道先生所概括的那种"对上司要做狗，对同僚要做鬼，对百姓要做神"的官场腐朽作风。二是处理好整体和局部的关系。三是处理好长远利益和眼前利益的关系。四是处理好主动与被动的关系。五是处理好原则性和灵活性的关系。六是处理好审时度势和抓住机遇的关系。

对于不同层次的人来说，平衡协调的要求是有所差异的。美国总统尼克松曾经说过"政治就是妥协"，这就是说上层领导更多的是平衡协调，而基层的工人、农民则主要是干活，很少有人际协调任务。起着承上启下，处理事务作用的领导者，应该做到平衡协调和业务工作并重。当然这是就总体情况而言，并非"五五"分，应视不同单位或部门的不同情况，而各有侧重。

（五）领导者的素质

一张任命书可以让你登上领导者的宝座，但要让人们心悦诚服从心底里尊敬你、佩服你，以你的魅力领导人们前进，那就不容易了。要做到这一点，并不简单，不但要拥有令人钦敬的道德品质、领导才干，还要在日常工作、学习和生活中起到以身作则的表率作用，做到"有德、有才、有表率"。正如繁体字的"導"由"道"和"寸"两个偏旁所组成的那样，"道"是客观规律、是对人的素质要求，"寸"是分寸，要求具有相应个人素质的领导者必须按客观规律准确把握待人处事的分寸。作为一个优秀领导者还要时时有忧患之心，正如繁体汉字的"優"，由"人"和"憂"两个偏

旁组成那样,它意味着,优秀的领导者应具忧患之心。

1. 有德

因为人跟其它动物不一样,人是有道德质量的,而其它动物无所谓道德质量,所以人类有羞耻感,哪些东西是光荣的,哪些东西是羞耻的,大家心里一清二楚。很多读过《三国演义》的人都知道,关羽大意失荆州、走麦城,又丢了性命,是一个典型的失败者,但他"忠义"的优秀品德却让后人钦敬不已,因而死后比活着更荣耀,不但获得很多崇高的封号,被晋封为武财神与赵公明齐名,又被佛教界任命为伽蓝殿菩萨,成了佛教警卫部队的总司令。到清代道光年间朝廷为了挽救江河日下的世风,心血来潮的道光帝还下圣旨晋封关羽为"大帝",并敕建其纪念馆"关帝庙",至今"关帝庙"遍及全国城乡,甚至连越南等邻国也信奉关帝。有人问,关羽为什么受到这么多人的尊重?除了有封建帝王刻意树立榜样及封建迷信思想的作用外,最终还是离不开关羽忠义的德行。所以,有德是第一位的。

2. 有才

"才"由两方面组成。一是人们先天拥有的天赋。如有的人从来没有受过特殊书法训练,而他的字却写得很漂亮,这说明他有写字的天赋。有的人有音乐细胞,听一两遍就能把歌唱得有滋有味。有的人小时候看看小人书,模仿着画画,结果画得十分相像,他就有绘画天赋。你假如没有这种天赋,光靠勤学苦练是没有用的。艺术家也好,文学家也好,音乐家也好,书法家也好,都是有天赋的。没有天赋,绝对成不了这种特殊的"家"。

二是人们后天通过学习所获得的才干。这很大程度上取决于个人自己的努力。有一首不少人都曾念过的古诗叫《长歌行》,诗曰:"百川到东海,何日复西归,少壮不努力,老大徒伤悲。"诗中感叹千百万条河流小溪都向东海流去,什么时候这个水能够回来呢?覆水难收,不能回来啦!人跟人的差异,就在于有人在努力学习,他就前进,成为智者;有人却让时间像流水一样白白地流逝,他就很快成了愚者。

不少经历过上山下乡锻炼的"知青",他们之间的差距特别大。其中,颇有才具者上大学、读研究生,甚至出国留学成了专家学者,当上了领导干部;富有商业头脑者,则抓住改革开放的大好机会,投身商海,经过自己的不懈努力,白手起家、从无到有成了企业家;而那些缺少才能,又没有遇到好机会的"知青"则下岗在家,生活困难,连子女上学都无力供养。

可见我们面对短暂的人生,要珍惜时间。即使年过半百者,也不能自惭形秽,要"垂死挣扎",努力学习,做到不愧对光阴的流逝。钱是身外之物,而时间则是属于自己的宝贵财富,抓紧时间努力学习我们才会拥有身内之"才"。

一个人完全没有身外之物的"财"是不行的,毕竟"民以食为天",不吃饭人要饿死。但作为领导者绝对没有人会到濒临饿死的地步。所以今天对我们大家来说无"贝"的"才"比有"贝"的"财"更重要。作为领导者,当你有一天要离开人世时,多半会有余钱存世。假如留的钱多,可能会使下一代坐享其成,不思进取。留的钱少,反而能激励下一代自力更生,奋发图强。以前没有房子而仅仅租住阁楼栖身的上海人,几乎没有下一代为争夺房产而引起兄弟阋墙甚至动手打架的。在农村就由于有自己的住房,下一代往往为了争夺很小的一块墙基就不惜大动干戈,甚至伤及性命。而且农村里为纠纷而死掉的人几乎都是为了争夺有"贝"之"财"的小事，很少是为大是大非而牺牲的。你看现在成克杰、胡长清、许运鸿、王钟麓之流贪赃犯罪，被判刑坐牢、甚至被处决，也不是因为杀人放火，里通外国，破坏国家安全被绳之以法，而是人为"财"死，人为"色"亡。

有天赋的人千万不要由于自己有天赋而骄傲，天赋不高的人也不要因为自己缺乏天赋而自卑。世界上有两种人，一种是做学问的，做学问的人并不一定需要拥有很高的特殊天赋，更需要的是勤奋。假如你从财经学院毕业，又当财经专业的老师，那你只要天天学习，不断笔耕，当你50多岁的时候一定能成为教授，因为教授是做学问的，其关键在于"做"字上下功夫。假如你要到美术学院当教授，首先必须具备美术天赋，没有天赋光靠勤奋是不解决问题的。像我这样一个没有艺术细胞的人，再努力也不可能在音乐上有造诣，连唱好一支歌都很困难，想到音乐学院当教授简直是癞蛤蟆想吃天鹅肉——痴心妄想而已。我记得李卜克内西曾经说过这么一句话："天才就是勤奋"。这句话可以作为我们的座右铭。我们所需之才，主要要靠勤奋，也就是说，大家要静下心来努力学习。现在最难的就是静下心来，因为在利益驱动的市场经济条件下，应酬多、交际多，很多时间都花费在我们不该浪费的地方。现在社会上什么活动、什么娱乐都有，你对什么诱惑都要参加、都要试一试，那就永远没有时间学习了。有人认为自己年纪轻有知识，好像很了不起，其实一个人拥有知识的程度永远是相对的，尤其在知识爆炸的今天，更新极快，宁波俗话说："眼睛一眨，赖孵鸡娘变鸭"。你不努力很快就落后了。像我们这些"文革"以前的大学生，有人不断学习进取，还能跟上形势，成了一方面的专家，有人长期不求上进，早就被历史淘汰了，甚至有人早就退休在家，无所事事了。所以，不管你原来有什么学历，有什么基础，不力争上游、不努力学习，总有一天会"老大徒伤悲"。当然，像我们这样年过半百的人再学习也不可能超过年轻人，因为"长江后浪推前浪，世上新人超旧人"，这是事物发展的客观规律。我们这一类人的学习无非是使自己不要落伍得太多而已。

学习有多方面的内容，甚至要包括学习做人的道理。因为只有这样你才能真正感受到富有。倘一个人拥有很多钱，但他什么都不懂，看到文化底蕴很深厚的东西一无所知，他就会感到自己很单薄、很寒酸，这时候身内之物的"才"就会超过身外之物的"财"了。记得有一次我出差去山东，有机会参观了淄博市淄川区蒲家庄的蒲松龄纪念馆。蒲松龄是个很有才华的人，19 岁考秀才时县试、府试、院试三试第一，而考举人，一直考到 70 多岁还没有考取。为什么呢？科举考试的八股文有严格要求，不能多一个字，也不能少一个字。这种科举考试是隋文帝发明的，隋文帝在西方一本关于全球伟大人物排名的书中曾与毛泽东一起被列为中国两大伟人。科举制度在隋唐时考试内容主要是考诗赋。考诗赋有个缺点，即考官难以评分。并且当时还规定，一要推荐，二要考试。其做法与当今的干部选拔双推双考差不多。可见，一个民族的文化都有它自己的传统继承性。但是推荐这一关就大有文章可做，大家记得唐代有一位写过"南朝四百八十寺，多少楼台烟雨中"优美诗句的杜牧，他为了考进士写好《阿房宫赋》请人推荐给考官，由于考官已经接受了 4 位名人对 4 位考生的推荐，不得不告诉他，你的文章写得很好，但由于我已经答应了前面 4 位名人所推荐的学子中进士，所以只好将你委屈地排在第五位。因此到明代人们就想了个办法，以南宋学者朱熹给《四书五经》所作的注解为依据，所有的考卷必须严格按照他注解的东西为答题标准。从此，科举考试就标准化了。但标准化走到极点就成了机械的东西，也就失去了创新能力。所以我们平常讲规范是讲制度的规范，并不是说不需要创新，更不能使规范成为工作"一成不变"的理由。创新是激情下的灵感。创新的精神是人类生命活力的反映，也是生产力发展的最终动力。由于蒲松龄写文章不拘一格，答卷始终不合规范，多次往来省城，考了几十年，就是考不中，成了老秀才。而他平时勤奋撰写的《聊斋志异》在他死后半个世纪，慧眼识英才的清代浙江严州府知府赵昊组织力量在府衙后花园——青柯院刻印发行了这本著作，使他有如崂山道士破壁而出，成了举世闻名的文学家，这是他生前所始料不及的。

可见人生不能追求结果，只能追求过程，尤其是做学问一定要追求过程，因为做学问主要靠勤奋，而当官除德才外主要靠机遇，其差异是很大的。例如，生在帝王之家的溥仪 3 岁就能做大清皇帝，但 3 岁的孩童却连木匠都做不了。因为作为皇帝有人会帮他料理，而木匠则要凭借自己的能力。在中国历史上没有人肯出钱买木匠、泥水匠的头衔，只有买官卖官的丑闻，因为能用钱购买的职务不需要多少出众的内涵。所以大家不要把当官看得太重，要看重的是抓紧时间学习，争取成为有才之人，要往有才方面去努力。

对领导者来说，需要具备诸多才能，而善于综合和渗透以求平衡是最重要的领导才能，因为综合就是创造，渗透就是突破，平衡则是一切工作的最终目标。

3. 有表率

有表率，就是为人师表。作为领导者，承上启下，是一个为人师表的岗位。对普通百姓而言，领导者就是他们的表率，但是现在社会上却产生了一种怪现象，不少当官的人老是想着自己应该享受什么，而很少想我应该为老百姓做表率为社会多做贡献。这差不多成了当今社会的一大痼疾。中国人宗教意识淡薄，是一个"无事不登三宝殿，习惯临时抱佛脚"的民族，千百年来流行典型引路的"榜样文化"，早在2000多年前的秦始皇就提出了"以吏为师"的要求，汉武帝以后，作为当年"博导"的孔夫子成了"万世师表"。中华人民共和国成立以来，河南兰考焦裕禄，西藏阿里孔繁森，都成了人们的学习榜样。就是在大陆失败以后跑到台湾的国民党在成立改造委员会，重新登记时也要求党员"能以身作则"。可见有表率是自古以来各种不同政治力量对下属干部的基本要求。

作为领导者，首先是要在学习中做表率，自己动手写文章，不能只会"君子动口不动手"。其次是在物质利益上要做表率。有些东西要谦让一些，什么东西你都要优先，那是不可能的。譬如，一个人走路左右两条腿要交替行进，你每次都想捷足先登，总有一次会得不到的。你今天落后了，明天却优先了。所以在物质利益方面我们还得讲究表率，懂得一些"有得必有失"的辩证法。作为领导者，退一步海阔天空，工作反而好做；而进一步往往被动，工作反而难做。再次，要在尊重别人团结同事方面做表率。人生短暂，大家在一起工作很不容易，要谦虚谨慎，绝不能认为自己了不起。社会上有人尊重你，甚至拍你的马屁，无非是看中你的位子有权力，并非是你具有特殊才能，其实只要一张16开纸头上面打印一行免职文字，就足以让你离开，"门庭冷落车马稀"就会立竿见影。因为椅子是国家的，仅仅这个几十公斤的血肉之躯是你自己的。可见我们大家要有椅子，更要有自己的人格，有自己的才能，这样才会有表率。第四，表率要从小事做起。因为大事都能明白，小事很容易糊涂。一个人被人家瞧不起，往往都是小事处理失当所致，所以古人告诫我们"小不忍则乱大谋"。

（六）领导力在于创新

创新，就是激情下的灵感。它是人类一切进步的源泉，也是领导者永不停步的原动力。要有创新能力，首先要有好奇心。例如人之所以能够从四脚落地的脊椎动物，与猿猴相揖别，实现了站立起来的伟大理想，就是源于人类始祖对成人之美的好奇心。没有他们的好奇心，我们不可能手脚分离，成为居住有华屋，出入有舟车，昂首挺胸，目光远大的衣冠望族。

好奇心人人皆有，最重要的是对自己所关注的事业要有好奇心，这种好奇心的外在表现便是兴趣。爱因斯坦在《自述》中曾回忆道："当我还是一个四五岁的小孩时，父亲给我看罗盘时就经历过这种惊奇。指南针以如此确定的方式行动……这种经验给我一个深刻而持久的印象。"正是对科学的极大兴趣，使他成了一个伟大的科学家。好奇心和兴趣进一步升华就有了激情，激情让人产生选择路径的品味，有了这种难以言状的品味，就会产生综合程度极高的直觉，直觉是智慧的不竭源泉。爱因斯坦之所以能取得如此巨大成功，原因之一就是他在很年轻的时候就懂得直觉的重要性，选择了他具有最好直觉的领域——物理学。有了直觉还要心无旁骛地集中注意力，因为集中注意力决定着一个人思维的深度和广度。爱因斯坦属于特别会集中注意力的人，他可以连续几个小时聚精会神地观察人们只能坚持几分钟的物理现象，从而成就了他"宁静致远"的犀利洞察力，并且通过他勤奋而刻苦的工作，终于走上了人类物理学大师的圣坛。

作为科学与艺术兼而有之的领导工作，既有与自然科学相似的规律，也有比自然科学更加宽泛的人文要求。因而作为领导者除了要有自然科学家的好奇心—兴趣—激情—品味—直觉—集中注意力—高度洞察力—勤奋刻苦之外，还要具备深厚的人文素养和传统文化造诣，尤其是要拥有有容乃大的胸怀和敢领风气之先的创新精神，才能有效地调动各方面的力量，开展富有创造性的工作，带领团队，从胜利走向胜利。

（七）对手决定领导的重要性

领导机关和领导者的重要性是由对手的重要性决定的，如果对手厉害那么这个部门及其领导者的重要性便显而易见。

例如，军人要有地位就要有战争，文人要有地位就要天下太平。我国南北朝时期，由于战争频繁，军人享有较高的社会声誉，所以文官常常把兼有武官军衔作为一种荣誉。最典型的是东晋书法家王羲之，他当时担任会稽内史（相当于今绍兴市政府秘书长），是一个文官，为了显得地位重要不惜兼了个右军将军的军衔，如果在今天，王羲之先生肯定不要这个头衔了，因为作为中国书圣的头衔比小小的右军将军大多了。

同样，在战争时期男性才显得比女性更有才华，而在和平时期男性越来越女性化，与女性相比有才华者大为减少，以至于公务员考试入围者往往女多男少，无数女性找不到心中的白马王子，尤其是那些高学历的知识女性更是踏破铁鞋，不知夫婿在何处。领导机关和领导者也不例外，其地位和能力的提高都离不开环境，尤其是对手的强大是部门地位和自身能力提高的关键所在。推而广之，无论是谁，要取得成功离不开朋友的支持，但要取得巨大成功还得靠强大的对手。

 **领导者**的特殊平台
LINGDAOZHE DE TESHU PINGTAI

(一)领导岗位的优势

1. 位置决定视野

从工作层次来看,由于领导者处于高位,综观全局,站得高,看得远,有三大优势:

(1) 见多识广

见识,是个人接触人、物、事的产物。领导者与下属相比有更多的机会外出考察、访问,如出国、出省、出市、出县考察访问,或跨行、跨业调研取经,其所见所闻,所接触之人、物、事远比下属丰富多彩,个人见识无疑超越普通群众。

(2) 信息量大

由于领导者都有一定的管辖范围,其上下、左右皆会按程序反映情况,有报喜、有报忧、有告状、有申诉,其形式有笑、有哭、有装疯卖傻、有以死相威胁,五花八门,不一而足。在不少基层单位,甚至家庭矛盾、夫妻吵架都成了领导者难以回避的信息源。

(3) 了解全局

领导者处于工作和生活的中心地位,在对大量信息进行去粗取精、去伪存真的处理过程中,自然而然地对全局有了比普通百姓更多的了解。

2. 矛盾锻炼能力

领导与被领导的关系是对立统一的辩证关系,犹如"天与地,雷与风,

水与火，山与泽"那样相对，而又要达到和谐相处。正如宋代的大哲学家张载所说："有象斯有对，对必反其为；有反似有仇，仇必和而解。"所谓"象"，就是世界上的万事万物。只要有象，必定有一个东西和它相对，而相对的事物，其行为方式必然是相反的；相反的行为方式免不了有矛盾、有挫折、有斗争，但最后的方法一定要"和"，不但不能让矛盾冲突扩大，而且还要协调一致，共同做好工作。张载不愧是理学大师，把领导与被领导的对立关系，及最终要达到的结果说得一清二楚。而这种和谐相处，并非自然而然地获得，而是需要一个必不可少的工作，那就是要通过领导者的主动协调，艰苦工作，才能达到和谐的过程。

也正因为领导者与被领导者是一对必然的矛盾，就使得负有重要责任的领导者，往往处于矛盾的焦点，会在各种意想不到的错综复杂环境中磨炼，从而有利于锻炼和提高自己的协调和指挥能力。这主要是：

(1) **处人处事能力**

诚如人们所知，将军的指挥能力在于战争实践，医生的经验来自对各式各样病人的治疗。战争越是惨烈，将军的指挥能力提高越快。病人越多，医生的技术水准越精湛。如上海华山医院和北京积水潭医院的手外科，其

显微手术水平比不少发达国家医院高出一大截，其中一个尽人皆知的原因便是它们分别囊括了中国南方和北方几乎所有重大手外伤病人。

至于个人的处人处事能力亦与将军和医生一样，因为领导者比其下属有更多的机会接触各种不同类型的人，不但处理人与人关系、人与事关系、事与事关系的机会比普通人多得多，而且在处理中所遇到的碰撞和摩擦，及其体会到的甜酸苦辣也远非其下属可及。由此可见，领导者处人、处事能力超越普通百姓也就不言而喻了。

(2) 预见指挥能力

认准目标，驾驭团队，完成任务，这几乎是人们赋予所有领导者的光荣职责。由于领导者肩负着这一重大任务，不得不时时处处见微知著，洞察前进方向，通过不断知己知彼，预测进程中可能发生的问题，未雨绸缪，早做准备，从而提高自己的预测能力。同时，领导者为了更好地指挥队伍，时时刻刻都会注意锻炼自己的表达能力和动员激励水平，从而使自己被下属所认同的指挥能力不断提高。

(二)领导岗位的缺憾

1. 忙于事务，学习时间少

在以儒家伦理为主导的中国，千百年来形成了唯上、唯书、唯等级，事无巨细，皆由领导拍板的传统。这使得多数领导者被极其繁忙的事务所包围，整天忙于讲话、剪彩、奠基、作指示、陪会、陪餐、陪考察，周而复始地做那些场面上的工作，以至于其中不少人无暇读书、学习，更谈不上提高和丰富自己的专业知识。平常除了能滔滔不绝地泛泛而谈以外，很难能够通过自身读书学习进入某一专业领域，成为有造诣、有影响的大家或专家。

2. 服务周到，自理能力减弱

早在尧舜禹时代，当官除了尽义务为社会服务以外，本人生计皆要依靠自身参加生产劳动来解决，因此，普天之下不但没有人愿意出钱买官，即使被人看中欲让其任官者，亦往往推辞再三而不愿就任，美其名曰："禅让"。尧舜禹即为其中之典型。

后来，当官有了不必参加生产劳动，并且能享受到荣华富贵、金钱美女的好处，人们对当官便渐渐趋之若鹜。但由于当时官场文牍往来繁杂，且必须亲力亲为，如秦代始皇帝嬴政每天亲自处理的公文就超过120斤，文化不高者一时难以胜任，仍视之如畏途。只是到了清代雍正年间，朝廷给官员发放巨额的养廉银，全面推行职务消费货币化，衙门有条件普遍配备师爷以后，当官不再是文人的专利，从政成了一种名利双收的享受，于是那些有钱而无文化者便蜂拥而来，买官卖官愈演愈烈且登上了历史的巅峰。例如，在太平天国起义以后的晚清州县，七个朝廷命官中便有三个官是买来做的。

从那时候开始，官场便出现了大人物做小事，小人物做大事的怪现象。衙门中的一切事务和文书皆由小人物师爷安排和草拟，作为大人物的州县长官，只须按师爷设计的程序办理即可，上下行文只要在师爷写就的文书上画个押便算完成了公务，升堂判案则有师爷在长官的帘幕之后悄声细语地加以点拨，州县长官用不着动脑筋，只须言听计从，按师爷的嘱咐处理，便能如鱼得水，游刃有余。

随着岁月的推移，到了现代社会，开会作报告、剪彩讲话、主持各种仪式成了长官们的一大任务。于是应运而生的秘书便开始取代旧时的师爷负责起草工作，不但报告讲话要写成文字材料，就是极其简单的主持词都要一个字、一个字地写出来。即便如此，少数可怜的大人物还是常常出差错。例如某日一市领导要参加甲乙两个不同性质的会议，并作报告，在甲的会议上竟误读乙会的讲话稿，弄得听众满头雾水，秘书如坐针毡，不得不闯上主席台，谎称上级有急电请领导聆听，才结束了这场滑稽戏。事后，这位领导者非但不自责反而埋怨秘书误事，送材料时不该把两个稿子一起送，今后要一个一个地分开送。甚至有些领导自己读过的报告，时间一长记不起来了，便反问提问者："我说过这样内容的话吗？"更可笑的是，有人在主持会议时连没有几个字的主持词都读错了，弄得诸多与会者目瞪口呆，不知所措。当然，也有偷懒的秘书从中钻空子，他们每遇撰写领导应景的讲话材料时，便把上年同样性质的材料略加修改交差，有的甚至只改

日期不改内容也能蒙混过关。

也许正是因为处于社会管理高层的长官疏于亲自动脑动手起草报告、精心组织会议,而把千斤重担仅仅压在工作层次并不太高的秘书身上,导致各种程序越来越繁琐的会议,缺少真知灼见,内容日趋空洞,与会者的兴趣日益消减,引发了与日俱增的逃会者。为了防止逃会,主持人不得不采用签到、刷卡、点名、立姓名牌等"自己生病,让人家吃药"的办法加以限制。

至于人们司空见惯的笑话则是职能部门请行政长官作报告,行政长官的稿子则由职能部门办公室的秘书起草,在慷慨激昂的一番报告结束后,作为领导的"重要讲话"成了全系统学习的"重要内容",此时,秘书又得抓紧收集基层单位"学习情况",起草学习领导报告的"回馈文章",上报领导自我欣赏,完成循环的最后阶段。对如此习以为常的循环,一手操办的秘书常常为之哑然失笑。当今之世大人物做小事,小人物做大事,不仅为买官卖官提供了强大的诱惑力,也造成了为官者的"无能"、"无用"。

人的功能用进废退，当官不动脑筋便意味着自理能力的丧失，很多长官不知如何发表无讲稿的讲话、出行如何订票、如何上车、如何登机、如何用信用卡取钱，甚至不止一次地出现过官员晚间停车方便时，由于车门被大风吹上，马虎的驾驶员误以为后座的官员已上车，结果官员被丢在路上，因身边不带钱、不带证件，陷入了寸步难行的可笑境地。

　　由此可见，在机构齐全，服务周到的和平时期，不但领导者锻炼机会越来越少，而且随着社会上"上有所好，下必甚焉"的不良风气漫延，更进一步导致领导者丧失了不少连普通人都拥有的自理能力。

3. 容易放大自身缺点的岗位

　　领导岗位犹如麦克风，它会把你很小的声音放得很大。当你走上领导岗位，你原本很小的缺点也会被这架麦克风放大。尤其在有着悠久官本位历史的中国，领导者处于身边人群的巨大"尊崇"之中，对自己的才能容易产生虚拟高估，以至于难以认清自己身上的弱点。由于站在高于别人的位置上，极目之处，很容易看到别人的缺点，而很难看得清自己身上存在的问题。

　　一位著名高等学府享受副部级待遇的一把手，被派到地方担任同一职级的官员。到职后，他发现自己每逢下基层视察，不仅有警车开道，而且每到一处都会出现前呼后拥的极其威风场面；凡是他发表的任

何讲话，与会的基层官员便会立即拿出笔记本，毕恭毕敬地认真记录；更令人称奇的是，即使他明显考虑不周的讲话，也统统被称为重要讲话，没有人会"犯上作乱"，指出其中之不足。凡此种种与他在学校作领导时讲话常被人点评乃至非议竟有天壤之别。

不久，悟性极高的他很快就明白了其中之奥秘，因为学校教授皆有一技之长，未来发展全靠自己的智慧和勤奋，没有人能挡住他前进的步伐，除非他想当官才会积极争取校领导的"青睐"。而官员则完全不同，仕途职位资源有限，别人上去占据岗位，他就没有机会。在权力源自上而下的体制中，要想有所发展，最便捷最有效的途径便是博得领导对自己的好感和青睐，倘不装模作样投领导所好便会失去晋升机会。

因此，他深有体会地对一位老朋友说，官员对上级领导毕恭毕敬并非完全出于内心对上级的尊重，而是为了寻求利益的一种阿谀和表演，学校里的点评和议论则是教授们内心世界的真实反映。可见，清代林则徐先生所书"有容乃大，无欲则刚"的联语，的确是颠扑不破的真理！

领导者的职能和特殊的工作平台，决定了作为一个领导者既要了解人性特点，也要认识自己的优势和弱点，加强学习，不断改正工作方法，提高自身工作水平。

4．要为人师表，就不能过度张扬个性

由于领导者要处理各种人与人、事与事、人与事之间的复杂关系，所以离不开个人以身作则、为人师表的形象要求。一个现职领导者不是自己个体的代表，而是组织的化身，所显示的是组织的理性，而不是个人的感性。他不仅要随时随地注意修身养性，树立良好形象；还要如履薄冰，如临深渊，夹着尾巴做人。平时，既不能过度张扬个性，随心所欲，口无遮拦地表达自己内心的喜恶；更不能百无禁忌，为所欲为，做自己有兴趣，但不符合组织和上级要求之事。

诚如人们所知，"上有所好，下必甚焉"，只要你喜欢，对你有所求者都会尽可能满足你的愿望，以获得包括职务提拔在内的各种好处。对高层领导者，他可以把你的私事做成公事；对下层领导者，他可以把你的公事做成私事，从两个不同方向来满足你的要求，这种殊途同归所造成的后

果，不仅酿成了吏治和社会风气的日益腐败，而且会让你陷入腐败的泥淖不能自拔，直至触犯政纪国法，落得个悲惨下场。

（三）领导者面对诸多"最难"

领导者处于各行各业的主导地位，时时刻刻都要以手头有限的资源面对方方面面的无限欲求，包括来自自身家庭成员的欲求在内，有着说不完的诸多难处。有一位思辨能力极强的王姓企业家，琢磨经年，颇有心得，一日与我交谈，不仅感慨万千，还择其要者罗列为"最难"，竟有二十五个之多：一、最难提高的是思想；二、最难改变的是习惯；三、最难统一的是行动；四、最难做好的是细节；五、最难处理的是关系；六、最难把握的是机遇；七、最难实现的是理想；八、最难得到的是人心；九、最难分配的是利益；十、最难平衡的是心态；十一、最难控制的是情绪；十二、最难否定的是自己；十三、最难执行制度的是领导；十四、最难做到的是说真话；十五、最难做到的是时刻创新；十六、最难做到的是终身端正；十七、最难保护的是环境；十八、最难找到的是接班人；十九、最难的是时刻为他人着想；二十、最难打造的是品牌；二十一、最难教育的是孩子；二十二、最难处理的是婆媳关系；二十三、最难抵挡的是金钱美色；二十四、最难坚持的是爱从始至终；二十五、最难保持的是长期健康。

就以教育孩子而言，对领导者来说也是一个不小的难题。清末名臣曾国藩的外孙聂云台有感于社会风气奢靡不正，于1942年到1943年间，撰写《保富法》一书，将自己一生见闻的诸多显赫家族败于挥霍奢侈的事例，结合历史经验教训劝诫世人。文章说：

"我住在上海五十余年，看见发财的人很多。发财以后，有不到五年十年就败的，有二三十年即败的，有四五十年败完的。我记得与先父往来的多数有钱人，有的做官，有的从商，都曾显赫一时，现在，多数已经家道没落了。有的是因为子孙嫖赌而挥霍一空，有的连子孙都无影无踪了。算起来，四五十年前的有钱人，现在家业没有全败的，子孙能读书的、务正业、上进的，百家之中，仅有一两家了。

"不单上海这样，在我湖南家乡，也是一样的。清朝同治、光绪年间，中兴时代的权贵人，封爵的人六七家，做到总督（管辖几省，或某一重要省份的长官,地位高于今日之省长)巡抚(相当于今日之省长)的有二三十家,做到提镇(军事将领,相当于今日之军师首长)的有五六十家,现在也已经多数萧条了。

"然而当时不肯发财,不为子孙攒钱的几家,他们的子孙反而却多优秀。曾文正公(曾国藩)的地位最高,权力最重,为官数十年,死的时候,家中只有两万两银子。他亲手创立的两淮盐票,定价很便宜,而利息非常高。每张盐票的票价二百两,后来卖到二万两,每年的利息就有三四千两。当时,家中只要有一张盐票,就能称为富家了。曾文正公特别谕令家人,不准承领盐票。因此,在他逝世后多年,后人手里也没有一张盐票。若当时化些字号、花名,领一二百张盐票,是极其容易的事情,而且是照章领票,表面上并不违法。然而,借着官位取巧营私,小人认为是无碍,而君子却是不为啊。这件事,家母知道得很详细,外面人是很少有知道的。

"我的先母是曾文正公的幺女,文正公的家规规定:凡是嫁女儿,娶媳妇,花费限定在二百两银子以内。先母出嫁,是在文正公夫妇逝世之后,有三千两银子的陪嫁,也是东拼西凑而来,以供家用。先母中年时,每次谈到当时艰苦的情况,常常是声泪俱下,自己身为王侯将相之女,又嫁入名门,生活尚且如此困窘,如果不是亲身经历,实在是令人难以相信。

"曾氏虽然数代清贫,却换得了后代子孙的兴旺。就我所熟悉的曾、左、李这几家,钱最少的,后人多能读书,以专业服务社会。曾文正公的曾孙辈,在国内外大学毕业的有六七位,担任大学教授有三位;左文襄公(左宗棠)的几位曾孙,也以学术专长而闻名;李勇毅公(李续宜)的孙辈,有担任大学教授的,曾孙们也多是大学毕业。"

此文当时在上海《申报》刊登后,反响强烈,传为一时佳话。直至今日,这一事例对现代官宦后裔仍具警醒意义。

曾国藩一向以十事持家教子:(一)勤理家事,严明家规。(二)尽孝悌,除骄逸。(三)"以习劳苦问第一要义"。(四)居家之道,不可有余财。(五)联姻"不必定富室名门"。(六)家事忌奢华,尚俭。(七)治家八字:考、宝、早、扫、书、疏、鱼、猪。(八)亲戚交往宜重情轻物。(九)不可厌倦家常琐事。（十）择良师以求教。归纳起来，即"勤、孝、俭、仁、恒、谦"六字。今天看来，这些朴实无华的原则对我们及后人仍有启迪。

（四）筚路蓝缕者的体会

一位年逾六旬，当过兵，做过企业，当过官员，搞过投资的领导者总结自己筚路蓝缕的人生道路和长期的领导生涯时，深有感触地说：作为领导者，能力、体力、魄力是基础；识险、避险、化险是积累；人品、人才、人缘是资源；学法、守法、用法是武器；心理、生理、调理是修炼；要做"弱"者，不以"强"者自居；要凭能力，不唯权利自慰；要珍惜时间，不视空间自得；知足常乐，自得其乐，助人为乐，才能炼就功力，成就事业。至于要让人心有灵犀一点通，务必概括得出人人心中有所思，而口中无所言的精炼语句，才能使人茅塞顿开。

"人"是领导工作的出发点和归宿

首先,从领导者组织和调动人的积极性的工作性质来看"人"是领导工作的出发点;从领导者为人民服务构建和谐社会的宏观职能来看,"人"是领导工作的归宿。其次,从象形字"领"的结构来看同样如此,"领"字,左偏旁是"令",以"人"字起笔;右偏旁是"页",以"人"字结束,都意味着"人"是领导工作的出发点和归宿。如果你是企业领导,这个"企"字更是生动地说明:企业作为企求他人的事业,不仅要把满足人的需求放在第一位,而且构成"企"字的"人"和"止"上下两个偏旁明白地告诉我们,"无人即止",也就是说,企业离不开人的努力,如果领导者目中无人,不能调动各方面人士的积极性,任何企业的生命都会停止。总之,作为"人学"的领导科学,其出发点和归宿都离不开"人"。

(一)参透人性,才能感悟领导

人是社会关系的总和,由于人的存在及其活动才产生了公共需要的国家。随着国家而产生的财政和各种社会组织不断发展和壮大,才使人类社会变得更加丰富多彩。把复杂问题简单化的是大师,把简单问题复杂化的是专家。创造汉字的古人仓颉就是这样一位把复杂问题简单化的大师。他先造最重要的字而且把它造得非常简单,例如一、二、三、大、中、小、人、犬、牛……这些重要字的笔画都是非常简单的。尤其是人很重要,仓颉先生就只用一撇一捺两个笔画来表达。由于龟、鳖之类的动物与人相比显得不那么重要也不常用,所以仓颉先生就用比较多的笔画来表达,繁体"龟"字有17画,而"鳖"字竟有22画之多。唐诗名句"两个黄鹂鸣翠柳,一行白鹭上青天"中的"鹂"的繁体字有32画,"鹭"字也有25画之多。可见笔画越多的东西在仓颉先生眼中越不重要。

　　汉字的"人",一撇一捺,形象地表达人要互相支持,没有一撇,一捺要倒掉,没有一捺,一撇也要倒掉。并且"人"字的结构也说明在开始书写时一撇一捺是连在一起的,人们之间的差距并不大,随着岁月的推移,有人成一撇,有人成一捺,人的差距也就逐渐拉大,越到后面差距越大。六七十岁的老人倘是名人,工作生活仍如日中天,若是普通百姓则赋闲在家含饴弄孙,安度晚年,两者社会影响的差别犹如同一屋檐下起飞的燕雀各自分出了高低,不可同日而语。可见,人类既有共性,也有差别,尤其是人与人个体之间的差别远远超过所有同类动物之间的相互差别。

　　对于人的存在而言,自然科学的观念不是占据绝对的位置,也不能解决人类生活所面临的一切问题。因为自然科学的观念对于人所存在的世界来说同样需要预设一种更为基本和必要的经验,即生活世界的经验。

　　生活世界是所有知识的根基和基础。包括领导工作在内的所有知识不管其抽象或普遍,都是建立在人如何经验生活世界基础之上的,人最终在相关于生活世界的起源上理解这种抽象或普遍。因此,只有参透人性,理解人的共性、男女差别和中西方人的不同,才能掌握人在生活世界上的活动规律,为做好领导工作打下坚实的基础。

(二) 人的共性

1. 人是万物之灵长

人是万物之灵长。在自然界200多万种动物中，人的单项技能大都不如动物。如狗的嗅觉、跳蚤的弹跳、马的奔跑、鸟的飞翔、青蛙的游泳都会超过人类，但综合技能和智力，没有一种动物会比人更有优势、更具竞争力、更聪明。例如，人的奔跑速度不如马，但可以制造出比马跑得更快的汽车、火车；人的游泳不如青蛙、鱼自如快速，但可以制造出比青蛙、鱼游得更快更远的轮船和飞艇；人不如鸟那样能飞翔，但人能制造出飞机、火箭和宇宙飞船；人的嗅觉不如狗灵敏，但人能制造出检测各种固态、液态、气态物质的仪器；人的弹跳能力不如跳蚤，但人能制造出高速电梯以极快的速度登上高楼。

2. 人是有思想的动物

动物没有思想，所以谁也没有听说过狗的思想、鸡的思想、鸭子的思想，但动物拥有感情，如狗与主人的感情忠贞不二。人由于有思想，会作不同的利益比较，因此感情不可能像狗与主人那样始终不渝。狗不会因主人由富变穷而离开，也不由于别人富裕而改换门庭。有人开玩笑说中国汉字是象形字，"人"挑一副担子就成了"大"，"大"字可以在右上角或左下角加点。在左下角加点是"太太"的"太"，在右上角加点是"犬"，由于犬比太太忠诚，所以把右上角那个点加给了犬。太太和丈夫作为人之所以没有像犬那样忠诚，就是他们有思想，会比较利益。人作为动物之一，不仅有着与其它动物相似的趋利性，而且在不断追求自身利益的最大化方面，远比其它动物执着，贪婪之心可谓有过之无不及。羊在大草原上吃完草从没有想过把草背回羊圈，更没有想到把草变为钱。而人不仅要把草背回去还要把草变成钱，进而还把钱打进信用卡成为方便携带的电子货币。同时，人也具有其它动物所不具备的思想性，有着超越其它动物的修养自觉，如周代产生的周礼、汉代的儒学、宋明的理学等等，都是不同时代对人们的修养要求。这种思想性是其他动物难以企及的。

3. 人是群居的动物

世界上凡是个体十分强有力的动物都是寡居的，例如狮子、老虎、豹子。凡是个体比较弱小的动物都是群居的，例如大雁、蚂蚁。人的凶猛不如虎，人的奔跑不如马，也属于比较弱小的动物，所以人也不得不以群居而生存。正因为群居，人才能互相学习，共同提高，创造了无与伦比的社会文明，也正因为人的群居特点，不可避免地产生了人与人之间的不同关系和各种摩擦，形成了其他动物所难以比拟的人类社会，包括产生提供社会公共需要的财政，从而使处理人际关系成为国家、政府以及各种社会组织的头号问题。

4. 人是环境的产物

在不同的环境下，往往产生不同的人。一个独生子，在家里得到几代人的宠爱，从不需要自己动手干活，因此也没有做家务的意识和习惯。而出国留学后，由于身边无人照料，白天读书，晚上打工，虽艰辛备至，但也不得不自己料理生活，诸如租房、买菜、洗衣，慢慢养成了自力更生的习惯。作为在国内的母亲闻儿在国外吃苦，往往潸然泪下，恨不得赶往国外效"犬马之劳"。可见懒惰是人的天性，勤劳是环境使然。不同环境产生不同的人，只有经历过艰苦的环境才能使人生有所历练，有所进步。

5. 人是文化的沉淀

有人说汉字的"家"由上下两个偏旁组成，上面这个偏旁代表房子，下面这个偏旁是古代的"猪"字，这说明有猪才有家。凡是猪在干的事都不是文化，而猪不会干只有人在干的才是文化。如人抽烟猪不抽烟就叫"烟文化"，人喝茶猪不喝茶就叫"茶文化"，人喝酒猪不喝酒就叫"酒文化"，人穿衣猪不穿衣就叫"服饰文化"，人吃饭把酒、茶、饮料和菜肴一一分开，就叫"饮食文化"。而当人吃完饭把桌子上的东西统统倒进一个大桶里让猪去吃，那就没有文化了。猪吃的东西只能被称为饲料。由此推断人吃的菜泡饭与饲料的距离有点相近。可见所谓文化就是"人化"。人化的文化表现在人的内心世界以及外化的一举一动、一招一式。例如有两个有钱的女士，一个是高学历、有文化，一个是低学历、缺文化。后者往往会以最时髦的化妆、最新潮的服饰来打扮自己，显示自己有钱；前者则会以个性化的发型和服饰来表现自己，以显示自己高雅的内涵。可见，一个人的所作所为与文化素养有关，文化素养涵盖学历，但学历并不能完全反映文化素养，所以在市场经济条件下小农经济思想浓厚，有贪欲弱点的官员极易在经济上犯错误；因为他们穷怕了，看到钱就眼睛发亮，不知道人世间还有法律。而有些人自己当了官员，文化素养也有了提高，但由于其家眷的文化素养没有提高，见钱眼开，仍然会帮倒忙、犯错误。因为他们不知道人的生存需求是有限的，无非是睡一张床，吃一碗饭而已，超过这一基本需求的东西只是一种奢华和与人攀比的虚荣心罢了。

6. 人是自己观念的产物

一个人的精神往往由自己的观念所支配，正确的观念能产生一种符合社会发展需求的精神，错误的观念往往会逆时代潮流而动。如西汉晚期的王莽为了解决贫富差距过大的问题，不是向前看而是向后转，复古改制，推行王田，企图重新回到先秦三代的井田制，结果以失败告终，成了中国古代的"社会主义皇帝"。就个体而言，一个人属于自身形象的发型、服饰、行为举止是自己观念的反映，其工作思路、工作方法、工作作风，乃至专业技术人员的设计思想、审美观点，也是观念的反映。甚至审视一个人的住房装饰风格，从中也能窥见主人的气质风貌。例如一个注重实用的农村女子担心衣物无处摆放，所装修的住房往往会安排很多衣柜，而一个城市女子注重室内风格，所装修的住房会极其简洁。同样，一个女性对自己的发型、服饰都非常满意的时候，她走起路来一定会精神抖擞，自信非凡；反之她就会垂头丧气，羞于见人。这不是她自己观念的产物又是什么呢？

7. 人是最敏感的动物

人不但对事物具有审视分析能力，还能凭借他人的语言、举止、表情等表现，作出见微知著的辨别、判断和预测。例如，一个熟人你只要凭他的背影、脚步声甚至一声咳嗽就能知道他的到来，这就是古人所说的闻声而知人；同样年轻男女找不到感觉，追求三年五载都无结果，若找到感觉一刹那便成情人，可见人的敏感是很多动物难以达到的。在财政工作上也有同样的事例。如近几年中央财政对种粮农民的直补尽管金额不大,全中国农民都找到了感觉;而中央财政对不发达县和种粮大县的"三奖一补"尽管金额不少,却由于没有直接发放给农民,农民也就没有找到感觉。可见,成功的财政政策要尽可能让普通百姓既受益又能找到感觉。

8. 人是有时间观念的动物

人有时间观念,而动物则没有时间观念。在大草原上,蓝天白云下的牛羊不知老之将至,更不知死期不远,优游自得,愉快非凡,毫无紧迫感可言。人由于有时间观念,对人生、对岁月都会有很多感慨。早在春秋时代的大学问家孔子就曾经在江边对着川流不息的江水叹息:"逝者如斯夫!" 感叹人生易老,时光似江水般流逝。同样,古人的一首《长歌行》也咏叹人生的短暂:"百川东到海,何时复西归。少壮不努力,老大徒伤悲。"深刻地反映了学海无涯、人生苦短、时不再来的历史紧迫感和作者对年轻人只争朝夕努力学习的殷切希望。

9. 人有趋利避害的本能,也有利他的善举

善与恶是一对孪生兄弟,在一个人身上都会有不同程度的反映。不少人在危急关头经常会作出利他的善举,甚至在有损于自身利益的情况下帮助他人。几乎在每次国内外重大自然灾害暴发时,都会出现一批人感人事件,有人置自己的家庭于不顾,奋不顾身地救助陌生人;有人明知险情,仍会赴汤蹈火,在所不辞,冒着极大风险救人,以至于为此献出了自己宝贵的生命。例如世人皆知的2001年美国"9·11事件"中,纽约不少消防队员为让他人脱险献出了自己的宝贵生命。同时,人在危急的关头,也都会表现出保护自身安全的本能。在有利可图的时候,只要不违反法律和道德,很多人都会趋之若鹜。在突发车祸时,驾驶员的本能避让;附近居民对散落物资的不道德哄抢,就是这种趋利避害本能的表现。

10. 人是嫉妒的动物

嫉妒是动物的自然属性,你如果有机会到杭州花港观鱼用面包屑喂鱼的时候就会发现那些已经接近食物的鱼会把面包屑往边上推,不让其它鱼

接近它以便独享其成。同时有些鱼看到其他鱼已经抓到食物时也会以嫉妒的心理去夺取。比较狡猾的鱼就会比其他鱼得到更多的食物。同样嫉妒也是人的自然属性，是动物性的反应。但由于人有人性，有修养，其嫉妒有积极的一面，例如他人比我好，我要百般努力，排除万难，争取干得比别人更好，从而成了推动人们发愤图强的动力。除了积极的嫉妒人也有动物一样的消极嫉妒，甚至比动物有过之而无不及。例如我不想超过你，但又怕你超过我，因此就千方百计找你的岔子，甚至想方设法把你拉下来，弄垮你，让你掉进泥淖之中。在中国固有文化中，这种消极嫉妒史不绝书，还往往成为嫉妒的主流，从而导致"干事的不如看着的，看着的不如捣蛋的"不正之风日益滋长。例如明代首辅大学士张居正万历九年（公元1581年）推行的"一条鞭法"对明王朝财政实力的增长起到了起死回生的作用，但他的反对者为了贬低他竟不惜在他死后的第二年以清查大太监冯保贪污为名发动对他的清算，通过败坏他的名誉来诋毁"一条鞭法"。这一消极的嫉妒，直到明末王朝生死存亡之际张居正改革的重要性才被崇祯皇帝所认识，"愿以深心奉尘刹"的张居正才得以平反昭雪。

11. 人是具有攻击性的动物

在草原上人们从来没有发现羊把羊咬死，马把马咬死，在山林中人们也没有发现过老虎把老虎咬死，豹子把豹子咬死，但人们可以发现人在不同的场合会攻击别人，甚至把人打死。这说明人是具有攻击性的凶恶的动物。难怪德国在一个野生动物园里建造了一个小木屋，门上写着两句话：第一句是你知道世界上最凶恶的动物是什么？第二句是答案就在木门里边。有游客说世界上最凶恶的动物是狮子、老虎，就没有想到人。当人们打开木门时发现迎面是一块大玻璃，上面写着"这就是世界上最凶恶的动物"。科学家早就发现，人和其它动物在漫长的进化过程中出于本能被多种力量所驱动——饥饿、性欲、攻击、逃避……这些本能皆为天造地设与生俱来，其中尤以攻击性最可怕。它不仅导致血腥与毁灭，还可以独立于其它本能而孑然自傲。当你把一只喂饱的猫放在房中并放出几只老鼠时，猫仍会奋力扑咬，而且往往是扑咬跑得最快最远的那只老鼠。人类除了与其他动物一样会猎杀非其族类的动物以外，有过之而无不及的是会发动同类自相残杀的各种战争。正因为如此，那些有良知的人们为了抑制攻击性研制了不少文化禁忌，诸如道德、良知、法律。只不过道德有时沉默，法律有时虚伪，良知又有赖悟性并非人人具备，致使世界一次次地陷入无休止的战争之中，如20世纪就发生了两次世界大战。在战场上直接战死的人超过1000万，上亿的人间接死亡。中国在抗日战争中间接和直接死亡的人多达3500余万，其中南京大屠杀就被日本侵略者杀死30万人之众。当今，幸亏模拟战争的足球运动与现代的电视直播技术密切结合才使占全球人口三分之二的球迷得以投入这种不带武器的战争，使由肾上腺和荷尔蒙驱动的攻击性得以和平发泄，避免了世界性的大战。

12. 人的活力在于危机

汉字的词语常常由两个字组成，第一个字是生理表现，第二个字是心理反应。如"视察"中第一个字"视"是人眼的生理功能，而第二个字"察"是人内心的心理感觉。危机也是如此。有危险才会有机遇，有机遇才有活力，危险是一种客观现象，机遇则是一种心理把握。用"辩证法"看危机，没有危机就没有活力。有一个例子，叫做鲶鱼效应。据说有一个船长专事运输活鱼，但每次到码头交货，活鱼的死亡率都很高，由于鱼死得多，不仅拿不到运输费还要赔偿死鱼的损失，得不偿失的船长实在没办法，就去请教一位水产专家，专家告诉他只要在每个水箱里放进一两条鲶鱼就能大大降低运输过程中活鱼的死亡率。心领神会的船长就认真地按照水产专家的意见办理，鱼的死亡率果然大为降低。因为这些鱼看到鲶鱼都很紧张，怕鲶鱼咬死它，为了活命只好不断地躲避，"生命在于运动"，死亡率反而大大降低。可见，"危机"一直包含着"危险"与"机遇"的两方

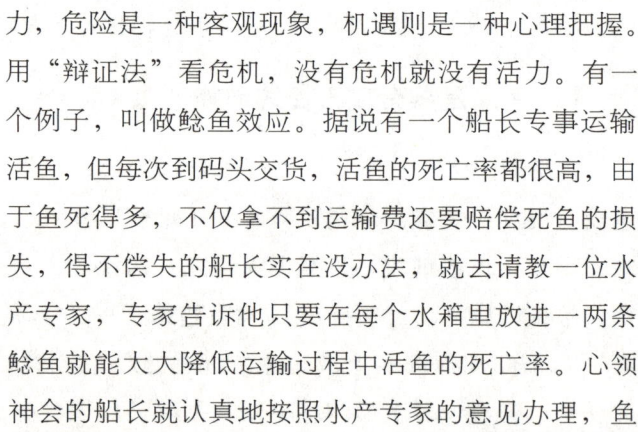

面内容，只是我们习惯性地只看到"危险"而看不到其中的"机遇"罢了。由于危机随时都会在人生的旅途中出现，所以人总是在烦恼中度过他的一生。反观这几年社会上为什么有那么多的官员贪污腐败出问题，其根本原因就是我们的体制权力过分集中，财政上缺乏必要的制衡，造成一些当权者养尊处优，为所欲为，以致失却应有的危机感所致。

13. 人是最可爱也是最卑鄙的东西

人是善恶系于一身的动物，其爱憎分明，爱之可以给予一切，甚至不惜殉以生命，恨之则去之而后快。春秋战国时期孟子的母亲为了使自己的孩子受到良好的教育，不惜三次搬家寻找道德高尚的邻居，被誉为"孟母三迁"。东汉上虞烈女曹娥为寻找失足落水的父亲不惜投江背负父尸，成为千古孝女，被历代百姓供奉。同时人也有卑鄙的一面。如当代浙江金华一位叫徐力的高中生厌烦其母成天滔滔不绝地要他努力学习竟一怒之下杀死他的母亲，成了毫无人性的卑鄙典型。

14. 人的道德是恐惧的产物

人要有所畏惧，才会有道德。有人专门用猴子作了个试验。在滴水成冰的冬季把猴子放进一个上面挂着桃子的牢笼，桃子上面连着冰冷的水龙头，只要碰到桃子水龙头就会喷冷水。开始时放进五只猴子，它们看到这么好的桃子纷纷一跃而上，结果桃子没有摘到却淋了一身冷水。试了几次这些猴子不但没有摘到桃子反而被冷水喷淋得濒临死亡。一批又一批的猴子都经过了这样的训练，从此这些受过训练的猴子就有了公家的桃子不能摘的道德认知。前几年我在土耳其伊斯坦布尔一个清真寺前的广场上看到有上千只鸽子，游客到一个老太太那里买了鸽食，这些鸽子就会飞过来，抢着吃鸽食，但老太太放在桌子上未曾出售的鸽食它坚决不吃。这些鸽子之所以如此有教养，据说是因为通过无数次的犯规而受敲打，并一代一代地把教训传下去，它们才知道老太太的东西是吃不得的。这就是恐惧下所建立的道德品质。作为具有动物性的人，除了具有修养外，也还有动物的自然属性，动物要生存、发展，必然要追求利益最大化，人也不例外。所以司马迁早在两千多年前就曾指出"天下熙熙，皆为利来；天下攘攘，皆为利往"。我们远的不说，就说夫妻结合，也是优势互补的功能利益结合，一旦失去功能互补作用，夫妻关系就会处于紧张以至破裂状态。有些家庭尚能维持，也无非是囿于人伦道德，不好意思解体罢了。由此可知，为何古代中国有纳妾制，西方有情人制（基督教强调实行一夫一妻制）作为补充的渊源所在了。那么，为什么人作为利益的动物，却具有道德呢？因为追求超越规定的利益就要受到惩罚，包括舆论的谴责、纪律的处分和法律的制裁，最终权衡利弊，要得不偿失，他才不敢这样做罢了。可见，道德是恐惧的产物，世界上什么都不怕的人一定是人类中最可怕的人。

15. 善和美是后天教化的结果

人首先是动物，然后才是人。美国科学家研究发现：人与猿猴的DNA遗传差异只有1%至4%；而人身上还有1%至3%极为落后的遗传基因，这种遗传基因与非脊椎动物的遗传基因相似，如低能的毛毛虫或我们称之为鼻涕虫之类的基因。这种远古时代我们的祖先遗传给我们的落后，已存在于人身上长达两亿年之久了。这就是说，人的遗传基因并不会因为经济发展了，社会进步了而随之改变。秦始皇时代中国人的基因跟现代中国人的基因不会有很大的差别。因为两千多年在人类历史的长河中太短了，要改变基因至少要数十万年以至于上百万年之久。今天，人类表现出来的崇高、自强不息、锲而不舍及博爱精神，都是教化的结果，并非与生俱来。没有人生下来就是耶稣，也没有人生下来就是圣徒。英国科学家做过实验，让两个不同母亲生的婴儿吸取一个母亲的奶，那个吸着母乳的婴儿会用脚蹬另一个婴儿。反之亦然。可见，恶是动物的本性，善和美是后天教化的结果。"人之初，性本善"这句儒家思想名言，只是一种欲盖弥彰的激励而已，人类的恶习并非都是后天生长出来的，而善良和美好恰恰是后天的教化。同样，公共财政的出现和对民生的重视也不是官员们与生俱来的天性，而是人民的呼声和社会舆论使然。

16. 人是适于"四两拨千斤"的动物

人有生理需求和心理需求，这两个需求并不大。但人的潜能却远远超过他的需求。就生理需求而言，古人认为是有限的，因此古人曰："家有良田千顷，日食白米一升"，古代以一百亩为一顷，这就是说有十万亩良田之家可收获无数石大米，但主人每天仅仅需要一升米而已。两者相比足见人生理需求多么微小。古人还说："家有华屋千间，只需六尺之床。"它告诉我们一个人不可能把头放在第一间，然后将腿伸开到第九百九十九间，直至一千间，这说明一个人的居住需求也十分有限。同样人的心理需求也是容易满足的，尤其是虚拟的心理需求更容易满足。如幼儿班小朋友只要老师口头表扬和奖励一朵小红花即可使其欢呼雀跃，年长者只需给一个"理事"、"委员"、"代表"、"贵宾"、"级别"一类的头衔即可令其不远万里来参加会议，甚至是来参加一个烈日暴晒的露天会议。尽管一个人的生理需求和心理需求都很有限，但他的创造力和破坏力却极其巨大，如诺贝尔发明的ＴＮＴ炸药用于战争可导致千百万人死亡，用于建设能使整座山头定向爆破。居里夫人对原子能的研究成果更是威力无穷，用于建设可推动科技进步和工农业生产，如原子能发电站即是一例，用于战争只须小小一弹即可使一个城市如日本长崎、广岛一样毁于一旦。可见人的个人需求与其发挥的潜力相比，完全是"四两拨千斤"的杠杆关系。

17. 人过度依赖工具，自身能力在减退

当人跟动物在一起的时候其自身能力不断强化，他不但能预测自然灾害还能预知天气变化。随着人从动物中脱颖而出，人开始用他的思维和工具制造各种仪器，代替肢体感受，更准确地作出科学预测。可见科学技术的进步和现代化的发展，人借助工具的能力不断增强，与此同时，人自身的能力却随之下降。2004年12月印度洋海啸事件即是其中最典型的事例，由于这一灾难发生前印度洋沿岸各国事先没有及时侦知和发布警报，导致过度依赖仪器的人类受灾死亡逾20万，而其它动物却能依靠自身直觉，觉察预兆事先逃逸，生命几乎没有受到威胁。那些带着狗的游客其命运反而不如狗，因为没有灾害直觉的人看到波涛汹涌的潮水迎面而来欢欣鼓舞，忘记了危险，而具有直觉的狗知道危险就在眼前，拼命往后跑，得以保全生命。可见智者千虑必有一失。

18. 人体凡是对称的器官都有主次之分

哲学告诉我们，任何矛盾都有主次之分。人体也不例外。人们熟知的主手，医学上称为优势手，其所起的作用最大，一般人皆以右手为优势手，

少数人以左手为优势手，由于动不动便拿起左手，表现与众不同，常被人戏称为"左撇子"。优势手不仅比非优势手有力气，而且做起事来干脆利落，比非优势手做得更漂亮。实际上，不仅手有主次之分就是耳朵也分优势耳和非优势耳，眼睛也同样分为优势眼和非优势眼，只不过这些差别没有引起一般人的注意而已。确定优势眼的办法是：拿一只手的大拇指和食指做一个圆圈，放在距离两只眼睛前面二三十厘米处，对准一个物体，圈内的物体两眼都看得见。这时，将一只眼睛闭起来另一个睁着的眼睛能同样看得见圈内的物体，此眼便是优势眼；另一只发现物体跑到圈外的眼睛即是非优势眼。非优势眼不仅在视力上起辅助作用，而且常常看东西亮度也低于优势眼，更值得人们注意的是当近视眼经过激光手术，原先视力很差的非优势眼变得比优势眼视力更好的时候，病人就会感到不舒服，因为主次视力颠倒，看起来就不习惯、不协调了。可见在人类世界不仅存在着差别而且只有差别存在才能有序的工作。财政的收入和分配也不例外，根据不同的需求和条件要有所差别。

19．人是自然界唯一躯体结构设计与功能应用不配套的动物

人之初，作为灵长类动物其力学设计是爬行，后来为了腾出前腿改造为手，才有了"人猿相揖别"的进步，站起来变成了立行的动物，使脊梁骨成了脊椎骨。站起来的结果使我们高瞻远瞩，有了人才拥有的手，但由于当时没有对人体结构作力学上脱胎换骨的相应改变，以至于今人的颈椎、腰椎、心脏、血管壁还不能完全适应人体直立行走的需要，引发了由于脊梁变成脊柱所产生的颈椎病、腰椎病以及由于人立行后心脏位置提高带来的血压升高而引发的心脏病、出血性中风等诸多结构性疾病。这些疾病在其他动物身上是极其鲜见的。如长颈鹿脖子很长但从来没有颈椎病，大象很高大也从来没有高血压、心脏病。

（三）男女有别

在现实生活中，男女在智力上没有高低之分。毛泽东说："时代不同了，男女都一样。"指的是男女人格上也是平等的。既然上帝造了女人又造了男人，男女还应该是有差别的。人的大脑分为左右两半，左脑与人的

语言和手工活动关系密切，右脑与人的空间能力和思考能力息息相关。由于男人的大脑右半球占优势，女人以左半球为主导，所以男人一般以空间思维、推理及思考能力占优势，女人一般以运用语言和技巧取胜。这就带来男重概括，女重分析；男较果断，女多慎重的不同。但这些差异并不说明优劣，而是各有千秋。

1. 对待生活

富于理性的男人容易把生活当成戏，富于感性的女人则容易把戏当成生活，极容易进入角色。例如，有一贫困县的县级领导，把生活当成戏，与一个女中学教师发生了"一夜情"。女教师则把"一夜情"当成了生活，一定要与这个领导结婚。在难以摆脱的情况下，这个领导竟然雇凶手将女教师杀害。案件侦破后，这个年轻的县领导被判处了死刑，成了男人把生活当成戏，女人将戏当成生活的典型事例。

2. 交谈表现

善于观察的女人专注对方的表情较为细腻；比较粗放的男人则关心对方谈话原则，疏于细节的观察和反应。所以，男领导与女职工谈话时，切不可一边剪指甲，一边听她谈话，一定要正襟危坐，细心倾听，有条件的话还要用笔记本记录，才能取得女职工的好感。相反，与男职工交谈时，只要你能满足他的要求，他并不会太多地计较你的表情和形象。

3. 思维差异

女性一般长于形象思维，男性则长于逻辑思维。因此，女性多富语言天赋，男性则擅长理工创新；去陌生处女性多喜找人问路，男性则重逻辑，常常借助地图自行查找。最典型的是一面包车男女，在一个大城市里迷了路，男性一定会到邻近小店买地图，拼命"按图索骥"；同车的女性则决然不同，她们会焦急地对男同事说：看什么地图！问问路边那个老太太不就知道了，你即使把道路弄清楚了，下次不来也没有用。

4. 脾气差异

男性大多较为沉稳，不擅发泄；女性则易激动、喜唠叨、爱发泄，常被小事烦恼，免不了出现"女人脾气好像天气"的突变情景。犹如日常生活中煤球炉生火离不开烟囱。烟囱的拉风能力越强火旺得越快，家庭要和睦，男人要甘于和善于当好烟囱。

5. 选择占有

女性喜选择，男性重占有。女性的很多商品知识大多来自逛商场，而男性一般很少上商场，即使去也是直奔目标，买完就走。所以女性折磨男性的最好办法是带他没完没了地逛商场。女性上商场不仅大多喜购服饰，而且很少有人会心满意足，这就是人们常说的女人永远缺少一件自己满意的衣服。而中国传统的一夫多妻制，则是男性注重占有的典型表现。男女的这一差别，据说与人类的生殖器官有关，女性每月仅仅产生一颗卵子，为了繁育出强壮的后代不得不选择优异的精子，而男子一次排出的精子成千上万，无须过多选择，只要占有即可。不过，同样是女性其在服饰等诸多选择上也存在差异。例如，文化程度高的女性选择情趣、品位和个性化，文化程度低一些的女性则选择新潮和亮丽。此外，假如说男人注重占有女性的"身"，而女人则注重占有男人的"心"。

6. 同性关系

女性讲究细节，注重情感，男性讲究原则，表现理性。例如，几个要好的女性朋友会一起逛商场、看电影、欣赏音乐、品尝小吃、谈论细微末节，对小事的变迁津津乐道，相互关系如胶似漆，形影不离，但令人奇怪的是她们很难结合起来干一番大事，因为她们太注重细节，容易感情用事，在过程中会产生很多不同的意见，难以达成一致。男性由于讲究原则，容易形成一种求同存异的默契；由于表现理性，比较容易结合在一起成就一项事业。所以在市场经济条件下，男性合伙开办公司比比皆是，而女性却屈指可数，可谓凤毛麟角。

7. 男女盛衰

男性孔武有力，女性细腻绵长。在战争年代，容易表现男性的力量，

阳盛阴衰；在和平时期，女性的特长会被充分表现，在某些层面上会反映出阴盛阳衰的现象。尤其是在当前的公务员报考录用时，如没有对岗位有男性的特殊要求，大多数的岗位几乎都将被女性所囊括。

（四）女性若干心理

1．欣赏年轻貌美的恭维

这对已婚育有子女的妇女尤其重要。她们很怕人老珠黄，非常需要男人用一句特别让她感动的话来赞美她。比如，长得那么年轻漂亮，真看不出你的年龄；这身衣服配上你的身材和美丽真是太合适了。

2．喜欢平等的礼尚往来

人不能有被收买的感觉。真正珍惜爱情的女性，一般对贵重礼物持审慎态度。因为一件过于贵重的礼物会让她想到，这个男子在试图收买她的感情。恰当的、量力的、显示关爱和体贴的一般礼物，使女性有温馨感，而没有沉重感。

3．寻求有同情心的倾听

人都需要交谈，这是人和其它动物的区别之一，但男性与女性对交谈所追求的目的却存在着很大差异。男性的交谈是提出问题、辩论是非以及找出解决的办法，极具逻辑性。女性更多的是将交谈看作与听者分享其感情的一条渠道，她们往往说个不停，直到她内心感觉好受为止，极具感情色彩。随着当前整个社会的多元化，组成家庭的男女双方加强交流十分重要，失败的婚姻大多与男女双方相互之间缺乏交流和不肯"难得糊涂"有关。

4．实际执着的爱情追求

爱情来自男女双方的相互爱慕和追求。男人追求成功，女人则喜欢追求成功的男人。男性喜欢寻找年轻漂亮的女性，而女性更着眼于择偶的实际考虑，比如要求伴侣不但诚实、有才华、富于同情心，而且得是一个有责任心且靠得住的人。所以她们会在采取行动前反复考虑：这个男人，值得我一生相伴吗？可见，女性对爱情的追求，比男性更实际，更执著。

5．常需要独处以作休整

女性有着与男性不同的特殊心理需求。例如：女性容易生气和烦躁，因而在丈夫和男友面前常常会提出让自己单独呆一会儿的要求。在工作之余和休假时节，诸如：逛商场、看书、看电视、听音乐、恢复精力以及其它自我调节，都是女性有别于男性的特殊心理需求。

6．在乎自己事业的成功

古代的女性在家庭中的角色在于相夫教子，而当今的女性很清楚，没有事业的成就和职业的收入就谈不上男女平等。因此，她们希望丈夫和男友认真重视她们的工作，分享她们的成就。

7．希望丈夫是自己朋友

难得见到这种女性:她甘愿充当丈夫的母亲、秘书或佣人。不少女性都希望她生活中的男人是她真正平等相待的朋友,她愿丈夫尊重她的长处,友善地对待她的弱点,成为相敬如宾的伴侣。

8．女性婚后的三个阶段

女性的爱可以通过言语、动作、思念和看不见的心灵感应来实现。结婚后,在没有孩子时,精力几乎都集中在丈夫身上;有了孩子,精力便转移到孩子身上;孩子长大成家后,方知女儿是人家的媳妇,儿子是人家的女婿,精力才慢慢转回到丈夫身上。

夫妻关系,从青年、中年、老年,一般人都会经历性、情、心三个阶段。青年夫妻,由于涉世不深,人生感悟不多,而恰逢青春年少,精力充沛,因此,大多侧重于"性"的关系;到了中年阶段,涉世渐深,人生感悟不少,内心情感世界日益丰富,情开始重于性;进入老年时期,儿女成家,别居他处,身体渐衰,两老为伴,人生感悟到了接近透彻的顶峰。正所谓"少时夫妻老来伴",此时方知人生是一个过程,"心心相印,形影不离"相伴到老才是自己的最后归宿,从而走到了心重于情的最后阶段。

(五)中西差异

人是环境的产物,不同的环境产生不同的人。中国和西方的自然环境和人文环境都有较大差异,因此中国人和西方人的人性也存在着不少差异。

1．低调与张扬

西方人主张标新立异,张扬个性,争先不恐后;中国人则提倡凡事低调、从众,恐后不争先。晚清名臣曾国藩即为其中之"低调不张扬"典型,以至于

有人说西方人为自己活着,中国人为别人活着。更令人哭笑不得的是在中国不表露心迹的口是心非者还成了有修养、有觉悟的表现。

2. 综合与分析

在文化观念上,西方思维方式重分析、重实证,作为东方的中国思维重整体、讲联系。比如,注重集体主义的中国人,强调"大河有水小河满";写通信地址通常是从大到小,先写国,再写省,再写什么市、什么县、什么村,最后是什么人收;而注重个人主义的西方人,强调"小河有水大河满";写通信地址,则习惯从小到大,由局部到整体。再比如,买东西找零钱,西方人的商店习惯先找给你分,然后是元。而我们喜欢先找整钱,从百元到十元最后是几角几分。给运动员颁奖西方人习惯先从最后一名往前颁奖,冠军获得者一定是最后一个。而中国人却反其道而行之,从前到后。例如封建朝廷宣布科举考试入围名单时就先从第一名状元开始,榜眼、探花,以次类推,直到三甲进士的最后一名。

古代的中国人善于做定性的浪漫思维而不擅长做定量的实证思维。如对自然界的自由落体现象,具有浓厚道家色彩的唐代伟大诗人李白对庐山瀑布流水的自由落体,既没有想到加速度问题,也没有想到水能利用,仅仅豪情满怀地写下了"飞流直下三千尺,疑是银河落九天"的诗句,西方科学家牛顿躺在果树下看到苹果落地现象却能顿悟出万有引力的科学原理,并就自由落体的加速度和万有引力做出了相当精确的定量计算和科学实证,为利用势能等自然力奠定了理论基础。

中西综合与分析文化差异反映在医学上中医善综合,西医善分析。中医的思维方式,不是头痛医头,脚痛医脚,它和中国哲学的思维方式一样,强调一个整体的观察。而不是像西医那样,完全用分析的方法治病,头痛医头,脚痛医脚。最典型的是中医针灸讲究经络,只要扎的穴位对头,效果显而易见,对某些疾病甚至可以做到针到病除;而运用西医的解剖方法去寻找所谓经络、穴位,则会一无所获,纯属子虚乌有。所以有人开玩笑说:重分析的西医使你死得明明白白,重综合的中医使你的病糊里糊涂地好起来。反映在美术上,中国画不是轮廓较为清晰的油画,而是神似形不似的山水画,以至于发展到在工作上对上级"精神"说法都完全一致,而对具体做法的理解上却有山水画般的百花齐放现象。因此中央政府不得不将以精神为主的工作部署改为操作性很强的项目性安排。

3. 形式与内容

西方人重视内容，中国人讲究形式。例如，西方人的沙发和席梦思以人为本，讲究柔软、舒适；中国古人的红木家具和"千工床"，只讲究形式美，不重视人的舒适。"千工床"的框架雕刻得极其精美，可是人睡的却是一块坚硬的木板，睡在上面很不舒服；中国的红木家具不仅用料高档，制作也十分精美，外表上几乎无可挑剔，但一落座便暴露出它的弊端，设计形式不符合人体体形需要且坚硬的木板直接与人体接触，让人难以在上面久坐。这种表现在中西文化对形式和内容的不同认识不仅在家具设计上有所表现，就是在其它工作的认知上也同样表现得淋漓尽致。例如中国人会议多、口号多、汇报多、检查多、饭局多，这些都是西方人匪夷所思、望尘莫及的。

4. 等级与平等

中国人讲等级，西方人重平等。中国儒家伦理文化按"长幼、男女、尊卑"将人划分为不同等级，让人在各自的位置上活动，不许越位。西方基督教文化则讲究人与人的平等，甚至人与神也是契约关系，被称为"圣经"的《新旧约全书》就是人与耶稣和摩西的契约。

5．家与国

中国文化是伦理文化，而西方则是法制文化。历史上中国人视治国为治家，把社会家庭化，不仅把国与家两个字合称为"国家"，而且在社会上将领袖称为"爷爷"、"父亲"，将友好城市称为"姐妹城市"，将当兵的称为"子弟兵"，当官的称为"父母官"，河流称为"母亲河"。西方人不但在文字上将国与家严格分开，称国为"country"、"state"、"nation"，将称家为"family"，两者截然分开，绝不混为一谈。

6．口与心

西方人比较直率，大多不隐瞒自己的观点。中国人讲究客气，往往以心口不一为"修养"。例如，中国人到他人家里拜访，当主人提出倒茶时，客人往往推辞再三，要求不要倒茶，倘主人真的不倒茶，客人事后则会私下非议主人不客气，表现出典型的心口不一。在西方这种心口不一会导致人的精神分裂，而在中国这种心口不一不但不会导致精神分裂而且很多中国人认为这是一种觉悟和水平，是精于世故的正常表现。

在英国曾发生过这样的故事，一位英籍东方血统的大学生在一家知名的会计师事务所实习，所长见此人业务水平不错，便动员他报名参加当年的全国注册会计师考试。此人只怕公开去报名万一考不进被人耻笑，便推说今年作准备争取明年去考，而实际上他却悄悄地去报了名，结果发榜时竟然一举高中。这时激动万分的他便兴奋地到所长处报喜，所长不但不表示祝贺，反而告诉他不能接受他来所就业的要求，因为他太做作了，作为全国知名的会计师事务所，接受的是具有健全人格的人。

听完这个故事，中国会计界一个访英代表团全体团员几乎无一例外地对这位大学生深表同情，因为在中国，这样谦逊又不事张扬的人属于善于做人的人，唯有大力表扬才对，哪有拒之门外的道理。其实这两种截然不同的认识来自于东西方不同文化的差异。

7. 变通与法治

　　西方人重视法治，讲究原则。中国人受儒家文化社会家庭化的思想影响和山水画神似形不似的美学思维的熏陶，讲究人情，善于变通，并将变通得法者称为"高人"。因此，中国社会常常表现为熟人社会，只有找到熟人才能办事，找不到熟人即使能办的事也不能顺利办理，更不要说难办的事，所以找熟人成了中国人办事的敲门砖。西方社会则更多地表露出陌生人社会的特征，不管认识不认识，只要按法律法规可以办的就一定给你办，不可以办的就是找到熟人也办不了。这也是西方人注重学习法律，中国人要学习领导讲话的根本差别所在。

　　在思维上，中国人认为人是活的，规则是死的。如在十字路口，只要无人无车，就有人以闯红灯为荣，以不遵守交通规则为"活络"；反之，在号称"脑袋是方的"的德国等西方国家即使在深夜也没有人敢公然闯红灯，违反法定的交通规则。据说有一个在德国留学的中国学生找了一个德国女朋友。一次在过斑马线时，这个中国学生四顾无人便闯了过去，站着不动的德国女孩从此就不愿与那个中国学生做朋友了，因为他的不守规矩。后来这个接受了教训的中国学生回国找了个北京的女朋友。在过斑马线时，这个小伙子在未亮绿灯时一直站着不动，等绿灯亮时才走过去。这

时那个北京女孩当场表示不能再跟他继续做朋友了，因为他太不灵活了。

因此有人在进行了深入研究后得出西方人的思维是直线型、中国人的思维是弧线型的结论，也就是说西方人还只是从 A 到 B 的时候，中国人已经从 A 到 B，再从 B 回到 A 了。难怪有人说西方文化是一个聪明的领导者领着一群一板一眼，不知变通的傻瓜；而中国领导者则领着一群个个聪明绝顶，且比领导人更善于变通的人。

8．急功近利与立足长远

古代西方常用石头作为公用建筑的材料，中国却习惯采用砖木结构，两者分别反映了着眼长远和希冀立竿见影的不同思维。因此，前者建一教堂往往要绵延几十年甚至数百年时间，花费几代乃至数十代人的努力才能建成，而后者只需若干年便能享用。所以西方有上千年历史的教堂，中国很少有数百年以上没有重修的寺庙。同样，西方不少城市数百年前的地下管线规划布局便十分合理，中国有些城市建成不到十年、二十年的地下管线就难以适应城市发展的需要，不得不一次又一次地开挖路面，进行新管线的铺设，既浪费了人力、物力，也损害了城市的形象。

9．有罪推断与无罪推断

传统中国的司法观念是有罪推定，西方的司法观念是无罪推定。央视热播的电视剧《大宋提刑官》不仅精彩地展现了提刑官宋慈高超的破案技巧和绝妙的法律推理，而且为我们揭示了中西司法理念的截然不同。

故事叙述了作为大宋朝廷派遣四处察访冤狱的提刑官宋慈到达太平县察访时发现曹墨见色起意杀人案疑点极大。诸如曹墨在情急之下开口喊冤；对于死者的尸检只是简单的一句不足为凭的刀伤致死；作为杀人证据之一的血衣却是夏天不会穿的棉袄；受害人妻子不顾杀夫之恨却照顾犯罪人的母亲。鉴于中国传统司法理念是有罪推定，实行"宁可错杀一千，不可一人漏网"的专制原则，面对如此重大疑点，宋慈也只好暗暗摇头，不敢立即提出重审此案，只能是暗中察访，直到获得有力证据抓住"真凶"才为曹墨平反。难怪中国人平时对有关他人之诽谤谣传往往容易采取宁可信其有，不可信其无的态度有着同样的文化渊源。

在西方类似情节的电影《十二怒汉》中，由于西方司法贯彻无罪推定和排除合理怀疑原则，在制度上便根除了可能发生的冤案。故事叙述的是一名年仅十八岁的青年，被控在夜深之时杀害自己的父亲。法庭上提供的证据也极具说服力：居住在对面的妇女透过卧室及飞驶火车的窗户，看到被告人举刀杀人；楼下的老人听到被告人高喊"我要杀了你"然后就是倒地的声音，并发现被告人跑下楼梯；刺进父亲胸膛的刀子和被告人曾经购置的弹簧刀一模一样，而被告声称从午夜十一点到凌晨三点之间在看电影竟然说不出电影的片名。面对如此充足的证据，十二个陪审员中只有一个人认为这个年轻人可能是冤枉的，就是因为西方有着"宁可错放一千，不可一人冤枉"的法治精神，仅仅一个人的合理怀疑，就可导致案件不断审理，最终使这个青年无罪释放，避免了一场冤案的发生。

虽然这两个例子反映了不同司法理念获得了相同的结果，正义也同样得到了伸张，但两者有着本质上的区别。其区别在于中国传统司法的审判过程是证明嫌疑人的清白，而不是证明嫌疑人有罪；西方的司法则反其道而行之，将犯罪嫌疑人置于受保护的境地，必须有充分的证据才能将嫌疑人定罪。因此，在中国传统司法环境里，不出冤案只能依靠清官主持下的"人治"，或同时依靠犯罪嫌疑人及其亲属自己拿出有力的证据"自证清白"才能幸免于难，这在清末杨乃武与小白菜冤案平反中表现得最为淋漓尽致；而西方司法不出冤案靠的是无罪推定的理念及其法律制度做保证，类似湖北京山佘祥林杀妻案冤坐牢 11 年，直至其妻重新露面才被释放；湖南怀化滕兴善所谓杀人碎尸案被枪决四年后，"死人"重新露面司法部门仍不昭雪，直至 16 年后媒体披露才引起人们的重视等一类迟到正义的事件，很难在西方这样的法律环境中出现。因为，西方人认为迟到的正义就是不正义。由此可见，具有五千年文明史的中国要走向真正"以人为本"的现代国家任重而道远！

10．征服自然与改造思想

在人与自然关系方面，西方人讲究征服自然，中国人则重视改造人的思想。西方园林的草木修剪得很好看，呈几何形状，有圆形的、碟形的、菱形的、方形的、锥形的，甚至有剪成各种动物形状的，种类繁多，令人目不暇接，充分反映了人控制自然、征服自然的科学精神。中国的古典园林，则让所有的树都自由生长，因为中国古代一贯强调"人法地，地法天，天法道，道法自然"的天人合一精神。今日中国现代园林花草树木的修剪则是从西方学习而来，并非中国固有的做法。

在对待人的自由发展方面，中国古人刚好与西方相反，中国自秦始皇焚书坑儒到宋代强调"存天理，灭人欲"直到近现代"与人奋斗，其乐无穷"，统治者无不以束缚人的思想为己任，而西方则提倡人的自由发展。如女子亭亭玉立为美，中西方认识是一致的，但为了达到亭亭玉立的目的其途径却完全不同。西方人动脑筋制造高跟鞋，中国人却去包小脚，其结果使女性足部肌肉和骨头都变了形，成为残废。这一陋习从五代一直沿袭至清朝，前后近千年之久，尽管清朝皇帝反对包小脚，三令五申通令废止，但汉族女性还是不肯放脚，为什么改不了？因为女儿嫁人，大脚走起来过于稳重，不如小脚走起来危而不倒，亭亭玉立那样好看。在当时男性找老婆不但要比脸蛋，还要比小脚美，三寸金莲为最佳。

11. 象形文字与抽象文字

在文字差别上，中国的象形文字影响了中国人的思维。悟性是一种境界，只有少数人才能达到，而科学发展和法制建设所需的逻辑讲究推演，每个正常人都能做到。世界各国的初始文字都是象形字，经过相当历史时期后，大多数都抽象为符号。然而，中国的文字始终没有进步，仍然是象形字，而且书法还成为一种艺术，有人甚至倾毕生之力为之奋斗成为书法家，把简单的问题复杂化，把明白的笔画弄糊涂，这对中国人逻辑思维的形成产生了极为不利的影响，导致强调悟性成了中国特色并且渗透到从印度传入中国的佛教中，将其改造为中国化的禅宗，成为无数中国人的信仰。

12. 食物、性格与面子

人的食物链有一次和二次之分。世界上多数民族都选择二次食物链作为自己食用的起点，即让牛、羊等动物食用植物性食物并进行转化后再用于人的食用，而中国人中的汉人则以直接食用植物性食物为主，采用一步到位让人体自行深加工的办法，从而使中国汉人的血管壁比较脆弱，容易产生出血性中风和由此引发的性格上不喜外露的温文尔雅。

中国自古以来是礼仪之邦，尤重请客，极讲面子，除了日常人们见面都会以"饭吃过了吗？"为问候语以外，为了在客人面前不失面子，还会极尽所能，以丰盛的筵席来招待贵客，显示主人的热情和大方。而在西方却并非如此，最典型的事例是中国国家主席胡锦涛 2006 年 4 月的首次美国之行。当时，在踏上美国本土的华盛顿州，第一个为客人接风的是世界头号富翁、微软公司董事长兼首席软件设计师比尔·盖茨，在晚宴上，他没有特意显示自己的身份，以最丰盛的菜肴来为胡锦涛主席洗尘，而仅仅给客人上了三道再普通不过的饭菜：前菜，烟熏珍珠鸡色拉；主菜，华盛顿州产黄洋葱配制的牛排或阿拉斯加大比目鱼配大虾任选其一；甜品，牛油杏仁大蛋糕。

比尔·盖茨很有钱，但如此节俭，这在中国是不可思议的事，假如有一位中国的富有的企业家接待外国元首，他能够心安理得地捧出简单的三道菜吗？可以断定，不会！

更多的可能是，为了给当地政府挣面子，为了给自己公司挣面子，为了不让客人觉得自己寒酸，为了显示自己很有钱很有地位，为了让全国人

瞧得起自己，为了让其他富有的企业家刮目相看，他一定会上一桌最丰盛的宴席来款待对方，谋求客人的赞扬，挣足应挣的面子。

13. 以人为本与以道（理）为本

西方人在文艺复兴以来强调以人为本，而中国人自汉武帝"罢黜百家，独尊儒术"开始，讲究以道理为本。道理之称始于宋明时期，北宋时儒家思想先被称为道学，到南宋后又改称理学，故此后民间有了讲道理的说法。儒家学说认为，一个以道理为本的人，必须透过政治为实现崇高理想不惜牺牲自己的生命，才能使生命意义达到重于泰山而不是轻于鸿毛的高尚境界。

14. 居住差别

喜欢在外聚众的中国人家庭住宅崇尚高墙深院，保持个人的私密性；不喜在外聚众的西方人则会选择开放式别墅，很乐意在阳台上与路人遥相呼应。以至于有西方人说，这几年中国建造的西方式别墅不符合中国文化传统，迟早会被摧毁或改建。

有着浓厚经济观点的欧洲人，为了提高效益常将住房建在山上，地种在肥沃的山间盆地里；而认为死人才上山埋葬、强盗才住在山上的中国人却往往反其道而行之，常将田地种在贫瘠的山头上，而将住房建在盆地里，这反映了两者在文化认同上的巨大差异。

15. 是与非

在对问题的认识上，西方人认为是就是是，非就是非，犹如一个圆用直线划为两半，一半为"YES"，另一半为"NO"，非常明白和简单；中国人则认为，是并非全是，非并非全非，犹如太极图中以曲线分割出阴阳鱼，阳鱼有阴眼睛，阴鱼有阳眼睛，古代《易经》将这种阴中有阳，阳中有阴的现象称之为"互藏其宅"，即你中有我，我中有你，从而导致中国人做人处事远比西方人复杂和困难。例如，有客人来访，主人一定会问他喝什么，客人不会肯定地回答是喝咖啡、绿茶、红茶或者矿泉水，而是说"随便"，等于给主人在一个圆中间画了个S形，形成了阴阳鱼让主人自己从中"揣摩"。

离不开"揣摩"的中国互系文化同样比西方的单系单向思维复杂得多。《孙悟空》和《米老鼠》的差别就是最典型的例子。尽管中国人认为脍炙人口的《孙悟空》其文化内涵远比西方的《米老鼠》深厚、复杂，而作为迪斯尼文化符号的米老鼠，却能够利用高端科技、雄厚资本和精心策划的营销战略取胜，达到了在全球赚大钱的目的。而《孙悟空》西方儿童连看都看不懂，因为要看懂《孙悟空》，起码得有和尚、道士、玉皇大帝、天宫、地狱一些互系思维概念。西方儿童只有单线单向思维，没有这些文化背景，所以无从知道孙悟空是做什么的，因此也就产生不了兴趣。另外，美国有自己的英雄概念，比如英俊、强烈男性化、美女为其保护对象等等，是"英雄"的必要因素。还有，孙悟空先无敌天下，后被制服，被制服就不算英雄。诸多不可思议，是思维方式使然。西方思维一般是绝对性概想，事物两方面只对立、不联系，事物既黑亦白是不可想象的。这种文化里，孙悟空怎能让他们喜爱？这就决定了中国文化产品到西方去，比那里的文化到中国来困难得多。

人的种种差异，决定了不同的人在不同的情境中的不同表现，也决定了社会生活的丰富多彩。中西方的人性差异，皆源于农耕民族与海洋商业民族文化之不同。

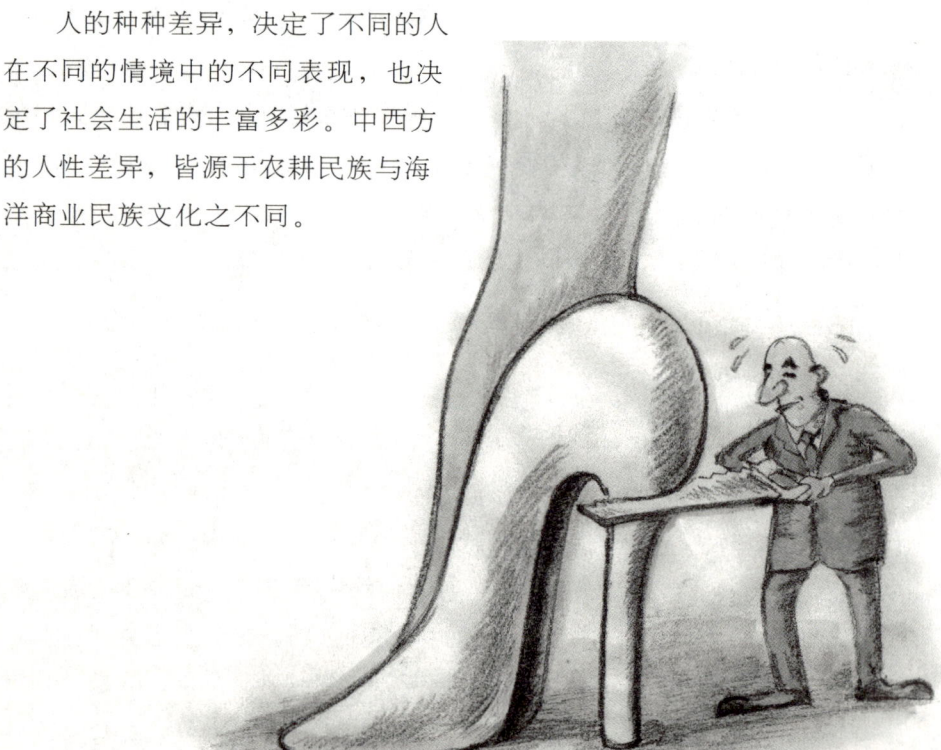

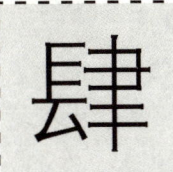 **人性差异源于文化的不同**
RENXING CHAYI YUANYU WENHUA DE BUTONG

领导者在不同条件下要采用不同的领导方法，除了行业、地区、环境以及其它各方面的差异外，人性的不同是其中最大的差异，而人性的差异又与各自的文化背景有关。

文化，就是人化，是人类由心而生的自觉。凡只有人会干、会想，而动物却不能的就是文化，譬如：动物不会种茶、采茶、制茶和品茶，人就有了茶文化。犹如一根绳子能将散落在地上的人像珠子似地串在一起成为人类社会。它高雅又平常，既是专家学者、文人雅士的高尚话题，也反映在普通百姓、升斗小民日常生活的方方面面。例如，随便一个人迎面走来，他的举手投足、一颦一笑，乃至整体气质都是文化，这种文化常常被人称之为行为文化。而一个企业能使员工潜移默化接受共同价值观，对员工的一举一动产生"集体无意识"的引导作用也是一种文化，人们称它为企业文化。可见，文化是人类社会特有现象，是客观世界不断人化的结果，也是人与其它动物的最大差别。

（一）古代中国人对文化的理解

在中国，文化一词是由"文"与"化"两个字合成的，"文"字的本来意义就是纹理，引申为一切有条理、有秩序、有美感的东西；"化"字左右两个偏旁分别是直立与倒立的两个"人"，象征着截然相反的180度重大变化。

早在2300多年前的战国后期《周易》一书已出现"观乎天文，以察时变；观乎人文，以化成天下"的文与化的并用，这大概是中国人论述"文化"最早的文字，但在书中"文"与"化"两个字毕竟还没有连在一起作为整词。它的意思仅仅是当政者通过观察天象可以了解时序的变化；通过观察人类社会的各种现象，就可以用教育感化的手段来治理天下。

"文化"作为"文"与"化"合用的整词，最早出现在西汉刘向所著的《说苑》一书中，他说："圣人之治天下也，先文德而后武力。凡武之兴，为不服也，文化不改，然后加诛"。这就是说"文化"仅仅指与武力镇压相对应的文治教化，即以体现封建伦理道德的诗书礼乐来教育感化世人。

同时，从古代中国"文"与"纹"两字通用的文字学渊源来看，"文"之外化为群体性的习俗风尚即为"纹"，"纹"之内化为人的心境气质则为"文"，由此可见古代中国的"文化"具有与今天不完全相同的特殊内涵。

现代汉语中的"文化"一词迟至19世纪末才从日本传入中国，而日本则来源于西方。西方"文化"一词，来源于拉丁文Cultura，它的意思是耕种、居住、练习、注意等等，法文的Culture，也是栽培、种植之意，但又引申为从人的物质生产到精神生产两个领域，比中国古代"文化"的含义要宽泛得多。

（二）文化的定义

随着19世纪中叶西方兴起对人类学、社会学、民族学等等人文新学科的研究，文化的含义就更加丰富了。1871年英国人类学家泰勒在《原始文化》一书中给"文化"下了"包括知识、信仰、艺术、道德、法律、习俗和任何人作为一名社会成员而获得的能力和习惯在内的复杂整体"的定义，这不仅是世界上对文化见诸文字的最早定义，而且直到今天还可以作为我们了解和认识"文化"的参考，在世界文化史上具有开创性的影响。

此后，从西方到东方不少受泰勒启发的学者都纷纷用自己的理解和认识来给文化下定义，其中有的侧重历史性，有的侧重规范性，有的侧重心理性，有的侧重结构性，有的侧重于遗传性等等。迄今为止，世界上对文化的定义有数百种之多，早在1952年美国有两位学者收集到的从1871年至1951年前后80年间世界上对文化的定义就已有164种之多。无论"文化"有多少种定义，但有一点却是无可争辩的，即所谓"文化"应该是人类生活方式的整体表现，是一代又一代人累积沉淀的习惯和信念在生活实践中的渗透，它是强大的粘合剂，能把孤立的个人凝结成群体，使互不相识的陌生人成为同胞，使同胞彼此扶持，相互承担，产生归属感。因此，文化不仅是建立和谐社会的基础，也是现代公民社会的支柱。

（三）文化的分层

形象地说，文化是个球体，最外面的表层为物态文化，次层为行为文化，再进一步为制度文化，核心是心态文化。

1. 物态文化层

"物态文化"亦称"物质文化"。它是由"物化的知识力量"所构成的，包括人类加工创制的各种器具是可以看得见、摸得着的具有物质实体的文化，也就是人们的物质生产活动方式和产品的总和。例如，北京故宫、苏州园林、各种交通工具、宇宙飞船，都属于人类的物态文化。

2. 行为文化层

所谓"行为文化"，是人类社会实践中尤其是在人际交往中约定俗成的行为习惯，往往是以礼俗、民俗、风俗等形态出现的行为规范。例如，中国的春节、端午节、英国的圣诞节、情人节等诸多传统节日及各自的风俗习惯都属于行为文化。

3. 制度文化层

"制度文化",是由人类在社会实践中组成的各种行为规范、准则以及各种组织形式所构成的。制度文化所反映的是人与人之间的关系,这种关系表现为以制度形式出现的各种法律、规章和规定。例如,反映婚姻关系的婚姻法,反映民事关系的民法,反映税收征纳关系的税法等等都属于制度文化范畴。

4. 心态文化层

或称"精神文化"、"社会意识"。所谓"心态文化",是在人类社会长期的实践和意识活动中形成的价值观念、道德情操、审美情趣、思维方式、宗教感情、民族性格等,这些都是文化整体中的核心部分。例如,一个人舍弃功利,力求把工作做成作品,将服务融入人心便是一种高尚的心态文化。

(四)人类文化的三大类别

1. 大陆农耕型

由于农耕地区人们需要在水利灌溉、耕作收获、道路运输上,按上下游次序和农时节气之先后相互协调和支持,从而形成了十分讲究人际伦理关系的大陆农耕型文化,中国就是其中之典型。

2. 海洋商业型

航海通商地区人们不但极端重视航船规模和装备水平,而且也特别讲究商品制造及其质量,因为这两者与人身安全和商品销售关系极大。所以在此类地区居民特别注重人与物的关系。如历史上以航海通商为主的欧美各国,就属于海洋商业型文化。

3. 沙草游牧型

由于以游牧为生者大多生活在气候多变,灾难频发,生死未卜的沙漠草原之中，他们为了消灾避祸保护人畜，对神灵特别敬畏，因此非常注重人与神的关系。如历史上以游牧为主的北非、西亚国家大多属于此一文化类型。

（五）中国传统的儒佛道文化

大陆型之中国传统文化由儒、佛、道三部分组成。

1. 儒家文化

"儒"由左"亻"右"需"两个偏旁组成，合而称之，其意为"人之需也"。由于古代科技知识匮乏，人们对于天地山川的灾变十分惊恐，为了求得平安，祭祀成了国家和民间的主要财政支出和礼教活动。早在商代，人们就将专门研究和从事治丧、相礼以及教学等活动的人称之为"儒"。的确"儒"是当时作为人们十分需要的一种职业而盛行于世，其功能相当于传播礼教的教士。

作为儒家学说的创始人孔子，公元前551年生于鲁国陬邑（今山东曲阜）一个小官吏的家庭，由于他的父母属于老夫少妻的结合，年过半百的父亲与不到20岁的母亲在尼山野合受孕，男女双方年龄相差数十岁之多，从而既给孔子带来了良好的智力，也带来了幼年丧父的切肤之痛。

孔子早年曾一度担任过管理仓库和看管牛羊的小官，辞官后便专以替人办理丧事赞礼的"儒"为业，用孔子自己的话来说："出则事公卿，入则事父兄，丧事不敢不勉，不为酒困，何有于我哉"。《墨子·非儒》篇则嘲讽儒者说："富人有丧，乃大说，喜曰：此衣食之端也"。可见，孔子的出身和他所从事的职业在当时来看并不是很崇高的职业。但孔子和当时只会办丧事混饭吃的"儒"有所不同，因为他除了通晓养生送死的仪式外，还有丰富的文化知识，并关心政治，有一套人生哲学理论。由于孔子这一派的儒者，人才众多，势力很大，后来这类替人治丧的"儒家"便成了孔子这一学派的专有名词。

　　孔子自幼便立志成才，具有无比远大的理想。因此，成年后他也曾长途跋涉到过不少诸侯国，试图通过周游列国游说诸侯找到实现自己理想的机会，但由于他的理想要"尊王攘夷，克己复礼"，与当时诸侯争霸的社会潮流背道而驰，所以一直没有能够实现。仅仅中年后在鲁国当过3个月相当于现代司法部部长的司寇。这犹如人们追求利益最大化的今天，竟然有人自以为是地宣讲什么"仁义道德"、"安贫乐道"、"当螺丝钉"之类的陈词滥调显得那么不合时宜一样，孔子在灰溜溜地回到鲁国后，便下决心把全部精力放在教育和整理研究古典文化上，也许"天生我才必有用"、"功夫不负苦心人"，孔子不仅自己学有所成，而且对中国传统文化作出了极其卓越的贡献。记载孔子言行的《论语》被后世列为经典成为古代学者必读之书。而且在长达73年的生命历程中，他通过呕心沥血的教学培育了一大批有学识、有才干的学生，由此形成了以孔子为核心的儒家学派，从汉武帝开始成为历代帝王治国的指导思想，孔子本人也受到历代帝王的极大尊崇。

　　孔子思想中最重要的内容之一是试图以"正名"手段恢复周朝的礼制。礼的意义在古代至为广泛，它包括国际交际的礼节仪式，贵族的冠、婚、丧、祭、燕、飨的典礼，也包括政治制度、道德规范等内容。孔子认为，由周公汲取夏朝、商朝制度的优点而制订的周礼是十分完备、值得尊奉的。而周礼的基本内容则是以宗族血缘关系为基础建立起来的宗法制度和"君君、臣臣、父父、子子"的等级制度。由于当时等级制度的混乱，孔子试图以理想标准的"名"来纠正那些不符合周礼情况的"实"。他说："名不正则言不顺，言不顺则事不成，事不成则礼乐不兴，礼乐不兴则刑罚不中，刑罚不中则民无所措手足。"也就是说，重新肯定周朝宗法等级制度的秩序，最关键的一步在于"正名"，使不同名分的人有不同的道义准则。如在国家政治制度上，处于君这个地位的人，应该具备君这个名称的人所应有的品行，得到具备君这个名称的人所应得的尊重和权力；而在家庭关系中，则要坚持"亲亲"的原则。

孔子对周礼并非是无条件的因袭，在现实条件下，孔子对周礼的思想内容也作了较大的发展与补充。这首先表现在加强思想统制上。与西周主要运用政令刑罚以及外在具体的仪式和形式来维持等级制度不同，孔子主张礼治德化与政令刑罚相辅而行。他说："为政以德，譬若北辰，居其所而众星共（拱）之。"这里，孔子高度赞美了德政的作用，就像众星都围着北极星转一样，德政受到民众的欢迎从而使治理变得容易。德政是与刑政相对而言的，实行德政即是实行教化。"道之以政，齐之以刑，民免而无耻；道之以德，齐之以礼，有耻且格。"也就是说，孔子试图以教化的方式使西周的道德准则成为人们心目中的自觉意识，从而能够心甘情愿地遵循社会的制度、法令和礼仪。

德政的内容是"惠民"，使民能够维持生活和生产而不至于冻馁。具体办法是"敬事而信，节用而爱人，使民以时"。"节用"包含着减轻剥削，"使民以时"即不违农时，使生产有所发展。节用爱民、使民以时，让庶民富裕起来，然后再施以教化，就可以收到德政的效果。这种主张是从物质和精神两个方面来维持社会的安定，而富民是富国的必要条件。"百姓足，君孰与不足？百姓不足，君孰与足？"这种观点旨在劝说统治者剥削不可太重，不能采取杀鸡取卵、竭泽而渔的剥削办法。在后来的封建社会中，儒家都援引上述说法说明省刑罚、薄赋税的重要意义，以限制激烈的搜括和兼并。在今日则称为藏富于民。所谓德政，还包含了防止贫富差距过分悬殊，"丘也闻有国有家者，不患贫而患不均，不患寡而患不安。盖均无贫，和无寡，安无倾。夫如是，故远人不服，则修文德以来之。既来之，则安之"。在古代孔子就缩小贫富差距的重要性给出了定性的概念。

孔子思想中的另一个重要内容，即是他对于"仁"的论述。"仁"字由"亻"和"二"两个偏旁组成，合而称之应为"二人"。可见，它作为象形字，应有妥为处理人与人之间相互关系的含义。其实，这个词在孔子以前即已广泛运用，但作为哲学范畴提出，则始于孔子。由于孔子对于"仁"的论述相当多，每一次论述又着重于某一侧面，所以对"仁"的看法也是见仁见智。但是能够揭示"仁"最本质含义的，应该算孔子两句似乎无法调和的话，那就是"克己复礼为仁"、仁者"爱人"。

从"克己复礼为仁"来看，仁的基本性质和内容是约束自己的行为，使其符合周礼的规范。但是，光是行为符合周礼还远远不够，仁的另一个特点，就是求仁是一种完全自觉的、主动的行为，是由自己决定的，不依靠外力和他人。与后来佛教要求信仰者达到"觉悟"的要求相仿。如果说，礼属于社会伦理规范的制度，而仁则属于人们的道德观念和品质。孔子说："人而不仁，如礼何？人而不仁，如乐何？"也就是说，人如果不具备仁的观念和品质，是不能彻底贯彻礼乐的，仁乃是礼的精神支柱。礼是道德的标准，仁是道德的属性，只有具备了仁才不会做违背礼的事情。孔子又说："苟志于仁，无恶也"，只要专心培养仁的品德，便可以消除恶的行为。孔子还认为，在思想修养上，非善即恶，因此"君子无终食之间违仁，造次必于是，颠沛必于是"，应时时刻刻使自己处于一种道德自觉之中。后来的儒家把道德修养放在十分重要的地位，其基本价值观发端于孔子的这种思想。

加强人的道德训练和修养，提高人的道德思想境界，便能更好地执行礼，就能更好地维护宗法制度。仁和礼互为因果，而孝悌是维护宗法血缘关系的纽带，是礼的核心，所以，孔子及其弟子对孝悌观念也极为重视。孔子弟子有若说："其为人也孝弟(悌)，而好犯上者，鲜矣；不好犯上，而好作乱者，未之有也。君子务本，本立而道生。孝弟也者，其为仁之本与！"孝悌的原则推而广之，于国家社稷即是忠君爱国。孔子说："孝慈则忠"。说明忠是孝的扩张，与国是家的延伸一样。

"仁"作为一种精神品质，包含了多方面的伦理道德原则。在孔子的论述中，"仁"除了是一种使人们自觉、主动地遵循礼的道德素养之外，还是一种处理人际关系的道德伦理准则。孔子说仁者"爱人"，所谓"爱人"也就是"推己及人"，"己所不欲，勿施于人"。所谓"一以贯之"的忠恕之道，也是这个意思。推己及人是忠，不强加于人是恕，所以，孔子"仁"的观念在一定程度上发现了人。这一方面固然是孔子对远古氏族统治体制中的民主性及人性的继承和发扬，同时也顺应了春秋末期的历史趋势，因为当时人的发现，是社会历史的一大进步，即解放了的奴隶变成农民，由会说话的工具取得做"人"的资格。孔子所说的"爱人"，在某种意义上其对象也包括劳动者在内，所以说它体现了时代精神。当然，孔子的"爱人"主要是将忠君孝亲敬长慈幼这一套伦理道德推而广之，使人人自觉遵守。它是以严格维护宗法血缘关系为内容的，但这种学说客观上主张对劳动者要宽，即施行惠民政策，把劳动者当人看待，顺应了松解人身依附的历史趋势，无疑有巨大的进步意义。

由于孔子过分强调了人的社会性，而淹没了人的独立性，从而使中国社会产生长期以官为本的"官本位"。其实，人首先是独立的人，独立的个人是第一性的存在，只有把独立个人作为存在的前提，人才有可能成为社会的人，即人与人关系中的人。

在当时的时代条件下，要求孔子成为一个无神论者是不可能的。孔子继承了西周以来传统的天命观念，将天视作一个有最高意志的能主宰一切的权威，把它作为思想体系的终极依据。他对天存在着极大的敬畏之感："天何言哉？四时行焉，百物生焉，天何言哉？"人的生死寿夭和富贵贫贱都受天命决定，天命主宰一切，敬天、畏天是人的高尚品德。他说："大哉！尧之为君也。巍巍乎！唯天为大，唯尧则之。荡荡乎！民无能名焉。巍巍乎！其有成功也。焕乎！其有文章。""君子有三畏：畏天命，畏大人，畏圣人之言。"

另一方面，应该说孔子在天命观上，却表现出一种较胜于同时代人的理性精神。孔子主张天人可以互相感通，天命和人事相联系，强调在人事活动中去体认天命，因此，他强调人事有为，在人事范围内不要消极无为。他说："不怨人，不尤人，下学而上达；知我者，其天乎！"这是强调主观努力从事人事活动，下学而上达，和天沟通，而以人事为主。孔子还说："人能弘道，非道弘人"。说明他虽相信天命，而贯彻天命则要靠人为努力，这种在人事上积极有为的主张，也能激发人们去进取。

孔子承认鬼神的存在，但并不提倡迷信鬼神，甚至不谈神论鬼。"子不语怪力乱神"，他认为只要人的行为符合善，就会得到鬼神的福佑。他一再教导弟子致力于人事，不要把精力用到迷信鬼神上去。相信鬼神而不提倡迷信，成了儒家现实主义的传统。

孔子是一个伟大的教育家，他首创中国历史上第一所民办学校，先后教过的学生有3000之多，其中称得上"贤人"的最杰出学生有72人。从他开始,形成了较大规模的私人讲学活动,从此,各家学派得以发展,形成了春秋战国时期百家争鸣的学术繁荣局面。

孔子是我国古代第一个提出系统教育方法的教育家。他将人分成四类:"生而知之者上也,学而知之者中也,困而知之者又其次也。困而不学,民斯为下矣。"又说:"唯上智与下愚不移。"孔子认为,首先学习本身是不断实践的过程,只有反复地学习实践,才能牢固地掌握所学的知识,所以要"学而时习之","温故而知新",要靠多闻博见去掌握真正的知识,即"多闻阙疑,慎言其余,则寡尤;多见阙殆,慎行其余,则寡悔。"其次,要端正学习的态度,"知之为知之,不知为不知,是知也",只有老老实实的学习态度才可以得到真正的知识。他强调"不耻下问"才是一种好学的表现,提倡虚心向比自己地位低的人请教。再次,学习和思考并重。孔子说:"学而不思则罔,思而不学则殆"。思与学之间具有辩证关系,两者之中学是主导的,思考要以学习为基础。第四,孔子强调学以致用。他说:"诵《诗》三百,授之以政,不达;使于四方,虽多,亦奚以为?"第五,在教学方法上,孔子注重启发式和因材施教。"不愤不启,不悱不发,举一隅不以三隅反,则不复也"。就是说,教导学生,不到他想求明白而不得的时候,不去开导他;不到他想说出来又说不出来的时候,不去启发他;教给他东,他却不能由此推知西、南、北三方,便不再教他了,因为他不肯钻研。

针对学生的不同特点,孔子往往施以不同的教育方法,颜渊、仲弓、司马牛问"仁",孔子有三种答案。子路和冉有都问"闻斯行诸"?孔子的答复竟完全相反,因为子路是急性子,而冉有是慢性子。孔子的教育思想,一直是中国文化中最可珍视的传统之一,他向人们揭示了世界上没有教不好的学生,只有教不好学生的老师,即"有教无类"的伟大真理。

2. 佛教文化

佛教是公元前 6 世纪到 5 世纪产生于古代印度的一种宗教,它的创始人是古印度迦毗罗卫国(在今尼泊尔境内)国王净饭王的太子乔达摩·悉达多。后来被尊称为"释迦牟尼",释迦是其族姓,牟尼直译是"圣人"、"能人",意译则是"佛"、"佛陀"。"佛"、"佛陀"的意思是"觉悟"。"释迦牟尼"的意思就是,"先知先觉的圣人"。相传佛祖 29 岁时出家苦修,立志为众生寻找解脱痛苦之路，后来在菩提树下静思觉悟而成佛。

释迦牟尼一生对佛教教义的宣传，仅仅是口头传诵，尚未著作成书。在他死后，他的弟子们为了避免教义失传，也为了抵制异教邪说混入佛法，保证佛教的纯洁，于是举行了第一次佛教的结集。他们召开僧众大会，对口述的佛经进行审定，把大家公认符合佛法的教义以及僧徒们的解释著作编辑成书，抄写在贝叶上，这就形成了最早的佛经。

佛经分为经（佛所说之教法）、律（佛教中戒律之法）、论（论诸法之义）三部分，称为"三藏"，藏（音zàng），原指藏东西的小竹箱，后来佛家用以概括全部佛教的典籍。佛家对于通晓三藏的僧人，也尊称为"三藏法师"或"三藏"，如明人小说《西游记》广为传播的唐代名僧玄奘就被称为"唐三藏"。

古印度佛教有许多派别。从释迦牟尼传教到其涅槃后100年内，佛教影响虽然逐渐扩大，但教义并没有多大改变，史称这个时期的佛教为"原始佛教"。后来佛教分为主张改革的"大众部"与主张坚持原始教义的"上座部"两大派系，后又分为十八部派，史称这个时期的佛教为"部派佛教"。公元1—2世纪时，印度佛教再一次出现分裂，分为"大乘"和"小乘"两个主要教派。所谓"乘"，本指车、船等运载工具或道路，借喻佛教普度众生、从现实世界的此岸到达"悟"的彼岸。大乘教派由佛教大众部的一些支派演变而来，强调一切众生皆可成佛，确信他们自己的教义能把无量众生从生死大河的此岸运载到菩提涅槃的彼岸，普度众生成就佛果，因此自称"大乘"；而把坚持原始教义、只重个人解脱的上座部教派贬为"小乘"。

佛教开始只在恒河两岸流传，到孔雀王朝的阿育王（约公元前273—前232年在位）时代，开始传播到印度各地，并影响其它国家：向西传到希腊、埃及，向南传到斯里兰卡，向东传到中国、日本和朝鲜。7—8世纪时，佛教在印度开始衰落，而在中国等地却与当地文化相结合获得长足发展。

作为汉代从印度传入中国的佛家文化，经过隋唐以来的中国化改造，其基本思想包括"四谛说"、"缘起论"、"业报轮回说"和"三法印"等理论，其最根本的思想是一切皆苦、一切皆空。

四谛说。"谛"即真实无妄的道理。"四谛"包括苦、集、灭、道，是佛教坚持的四种宗教义谛。"苦"是佛教对人生的总体评价。苦有八种：生、老、病、死、爱别离、怨憎会、求不得和五蕴盛。"五蕴"指构成人生的色、受、想、行、识五种元素。"色"是肉体，"受"是感受，"想"是思想，"行"是意志，"识"是意识。人有五蕴即有欲望，如有色身故有食欲、性欲，欲望不能满足便有痛苦。"集"即人生痛苦原因的集合。人生痛苦的原因是烦恼，最大的烦恼是贪、嗔、痴以及慢、疑、见等。人因烦恼而迷于事理，使身、口、意作出不善之业，陷入三世轮回的痛苦。"灭"是人生苦难的寂灭，是佛为众生提供的"常、乐、我、净"的理想境界。佛教徒称这种境界为"涅槃"，认为达到涅槃就超脱了轮回，进入极乐之境。"道"指达到涅槃境界的理论和修习方法，具体有所谓"八正道"：正见，即对真理四谛的正确见解；正思，即对四谛等教义的正确思维；正语，即使语言合乎佛法，不妄语、不恶语、不暴语；正业，即使行为合乎佛法，不杀生、不偷盗、不邪淫；正命，即符合佛教戒律规定的正当合法的行为生活；正精进，即要求信徒努力止恶扬善，不懈怠，勤修涅槃之道法；正念，即铭记佛法；正定，即用心专注于一境，杂念不起，正身端坐，修习佛教禅定。佛教认为按此八正道修行，即可由凡入圣，从迷界此岸达到悟界彼岸。

　　缘起论。"缘起"是佛教对世界万物皆空缘由的解说。佛家认为，诸法皆由因缘和合而成，一切事物的生起都是一种相互依存、互为因果的关系，而不是真实的存在，没有必要执着，人生亦是如此。人生由无明、行、识、名色、六处、触、受、爱、取、有、生、老死等十二因缘和合而成。"无明"缘"行"，因无知不懂佛教"缘生法"之理，故产生世俗思想行为；"行"缘"识"，由"无明"而产生的善、不善等行为；"识"缘"名色"，即在母胎中心(名)、识(色)得以发育；"名色"缘"六处"，为胎中精神和物质状态，指胎儿将生阶段；"六处"缘"触"，即眼、耳、鼻、舌、身五种感官生长完备，为幼儿阶段；"触"缘"受"，出胎后开始接触事物，相当于儿童阶段；"受"缘"爱"，指世俗之爱，指青年时代；"爱"缘"取"，即滋长佛教的世俗观念，为成年阶段；"取"缘"有"，因贪爱执取等思想行为，必遭后世相应的果报；"有"缘"生"，由贪欲引起善与不善等行为；"生"缘"老死"，即来世之生。佛教修习的最后目标，就是跳出这十二因缘的约束；跳出三世轮回范围，达到"涅槃"境界。

业报轮回说。佛教主张恶有恶报，善有善报。报应分为现世报和来世报。现世报就是今生业今生即得报应；来世报就是今生业决定下世、二世、三世直至万世、无穷世灵魂轮回时的报应。灵魂在地狱、饿鬼、畜生、阿修罗、人和天"六道"间轮回，行善可以提高轮回的层次，但只有皈依佛法，虔诚修炼，觉悟成佛才可以跳出"六道"，超脱轮回之苦。

佛教称"诸行无常，诸法无我，涅槃寂静"为三法印。世间万物流转变迁而无永恒不变，万物皆由因缘和合而生，并没有独立的"自性"。总之，万物皆是空幻，不可执着，只有皈依佛教，认清世界本"空"，觉悟成佛，进入涅槃寂静的境界，才可以远离烦恼，寂然长住。

中国化的佛教融合了儒道思想，从本质上是一门特定的修身养性的学问。它强调"众生皆有佛性"，提倡了一种人人平等的精神；它"自觉觉他"、"普度众生"，反映了奉献精神；"不度尽众生，誓不成佛"，反映了解放全人类的牺牲精神；它把给人的快乐称为慈，把解除别人的痛苦称为悲，始终贯穿着"慈悲救苦"精神的佛教，反映了"我为人人"的助人为乐精神；佛教"诸恶莫作，众善奉行"，反映了自律和重行动、重实践的精神；佛教徒对自己心灵深处"时时勤拂拭，莫使惹尘埃"的要求，反映了"吾日三省吾身"的自省和自证精神；佛教强调的"圆融"，则反映了佛教讲协调、讲平衡、讲统一、讲和谐的一贯思想，这对我们当前协调人和自然的关系，协调人与人、人与社会的关系，平衡自身心态作用十分巨大。

3. 道家文化

作为中国本土文化的道家思想，其开创者为老子。老子姓李，据说由于出生时耳朵大而下垂故名耳，又因耳漫无伦而字聃，是中国古代哲学的开创者。他春秋末期出生于楚国苦县（今河南鹿邑县）曲仁里，曾担任过周王朝的"守藏室之史"，相当于今国家图书馆馆长。由于古代图书馆的职能十分宽泛，不仅要管理图书，还要掌阴阳天时礼法，参与国家各种祭祀、礼仪活动及从事档案管理、史实记录等诸多工作，这一切都为他后来辞官归隐从事哲学研究打下了坚实而广博的知识基础。难怪《汉书·艺文志·诸子略》中有"道家者流,盖出于史官"之说。今天人们常将那些专搞研究的人形容为"坐以论道",这个"道"在中国数千年之久的文明史中还是老子第一个提出来的。老子哲学的中心观念便是"道",他所说的道与一般人"坐以论道"的"道"其内涵并不完全一样。他认为"道"很神秘,说:"道可道,非常道,名可名,非常名。无名天地之始,有名万物之母",把"道"视为天地万物之本原,打破了春秋以前人们以天为尊,以天为大的共识。他认为天并非是有意识、有情感的,也并非是永恒的、根本的,因为最根本的是"道"。老子在他所著的《老子·二十五章》中说:"有物混成,先天地生……可以为天下母,吾不知其名,字之曰道,强为之曰大"。意思是,道在天地未有之前就存在了,只有道是永恒的。同时,老子总结了商周以来的天命论和天道观,对"天"与"道"的关系作了新的解释,提出了"天法道,道法自然"的新观点。这种"天道自然"的观点,对当时的天命神学是一个巨大的冲击,因为他第一次把"道"凌驾于"天"和"神"之上,为实现哲学从宗教神学的桎梏中解放出来,奠定了坚实的理论基础,从而使中国传统的天人关系学说发展到一个新的阶段。作为哲学家的老子对中国文化的第二个贡献,就是他丰富的辩证法思想。他在《老子·二章》中说:"有无相生,难易相成,长短相形,高下相倾,声音相和,前后相随"。也就是说,没有有,也就没有无;没有难,也就没有易;没有长,也就没有短。所以,事物总是在对立中存在,在比较中发展,相反的东西是可以相成的。

不仅自然界如此,社会人生及人类道德也如此!"祸兮福所倚,福兮祸所伏"。在老子看来,福与祸表面看起来是截然相反的事物,然而他们却紧紧地统一在一起,不断地相互转化,变化万端。但是在现实生活中,人们却不知道事物相辅相成、互相转化的原理,以为幸福永远远离着灾祸。由此,老子得出一个结论,即"反者道之动",事物往往向相反的方向发展,这便是"道"的运动,或"道"的规律。在中国哲学史中,从《周易》以后,就有辩证法的思想,但把事物向它相反的方向发展这一普遍现象概括或归纳为事物的一般规律,把它概括为事物存在、发展和变化的内在动力和源泉,这是老子的独特贡献。

在老子看来,"道"的本性是自然无为的,因此人也要效法自然之道,做到无为。尤其是春秋末期这种社会动荡的时代，无论就行为还是思想来说，老子认为最好的办法是效法"自然"而采取"无为"。当然，老子所谓"无为"，并非什么都不做，并不是不为，而是多指不妄为、不强为、不胡作非为，更不为所欲为。这其中包含着不多事、不好大喜功、不争名利等具体内容，这样才算是达到"上德无为而无不为"的境界。老子认为，要真正做到无为，就必须做到守柔、不争和知足。老子以水为例，强调"守柔"，"天下莫柔弱于水，而攻坚强者莫之能胜"。在老子看来，水甘居下流，其性柔弱，而坚固者不能与之相比。所以人若想保存自己就不能逞强好胜。因为一旦成为强者，就会很快失去生机，而只有柔弱的东西才充满生机。在老子看来，不仅要守柔，并且要像水甘心向低处流那样来避免争夺。他说："上善的人好像水一样。水善于滋润万物而不和万物相争，停留在大家所厌恶的地方，所以最接近于道。所以，"夫惟不争，故无尤（忧）"，"不争"之所以为美德，应主要表现在不坚持己见，不自以为是，不自我夸耀，不自高自大。

与"守柔"、"不争"相联系的，还有"知足常乐"的命题。老子认为："祸莫大于不知足，咎莫大于欲得。故知足之足常足矣。"这是说，一个人活在世界上，如果欲望过多，一味追求他所需得到的东西而不知满足，那就要犯错误，甚至招致灾祸。如果知其足，不追求，不但不会遇到祸患，反而常常感到满足，从而确保精神上的平静和安乐。老子的哲学不仅开启了中国人的思辩方法和思维方式，而且也反映了中国人的聪明和智慧，尤其是他仅仅只有五千字的著作《老子》，几乎是人生哲学的百科全书，给我们的现实人生带来诸多重要启示。如果说在中国伟大的思想家中，孔子为我们留下了丰富的道德文化遗产，那么老子为我们留下了无尽的辩证法宝藏。

4．传统文化的思想要点和作用

世界上任何一个人都离不开处世哲学、人生理念，离不开与自然和社会和谐相处。丰富的中华传统文化全面涵盖了这几方面的内容，形成了阴阳五行、天人合一、中和中庸、克己修身四个思想要点。

首先，阴阳五行是基本哲理。哲理是引导人们走出迷宫的北斗星。阴阳思想认为世界上任何事物都包含对立的统一。对立是指两种势力、两种因素、两种趋向、两种地位，一正一反互相对立，但又统一在一起。同时，对立双方又各向对方转化。

生动反映阴阳关系的《太极图》是中华文化的瑰宝，它以一条S形曲线，把一个圆分为阴阳鱼，这两条鱼非常生动地表现了两种因素的运动变化。而且，正是在"阳"的一方发展到最为壮大之际，开始了"阴"的生成；又正是在"阴"的一方发展到最为壮大之际，开始了"阳"的复生。它告诉人们：强弱盛衰都是会发生变化的；所以人类居安应该思危，绝处可以逢生。强者要谦虚谨慎，韬光养晦；弱者要奋发进取，自强不息。尤其是安富尊荣、处于强势的人更应有忧患意识，严于律己；切不可骄奢淫逸，任性妄为。

五行思想，强调"金、木、水、火、土"五种物质运动之间的联系，它们之间有生与克的关系。生是指生成、促进、助长、发扬等作用；克是指克制、束缚、挫折、摧毁等作用。生的模式是：金生水，水生木，木生火，火生土，土生金。画出来就是一个圆圈。克的模式是：金克木，木克土，土克水，水克火，火克金。画出来成为一个星形。

五行思想不仅指明宇宙统一于以"金、木、水、火、土"为代表的物质运动，而且通过五行之间的生克作用表明世上任何事物都是被其他事物所生，也被其他事物所克；同时，任何事物本身也都生着或克着另外一个事物。所以，世界上绝没有任何事物或力量能够凌驾于其他一切事物与力量之上而独霸天下，谁想独霸天下，必然狼狈不堪。而且，一种事物对另一种事物的生或者克，做过了头又会引发反生或反克。如水生木，但如果灌水太多，会把植物（木）淹死；用斧劈柴，劈多了，斧也受磨损；父母爱子女是生，但如果是溺爱，反而不利于子女健康成长；一味恃强凌弱，仗势欺人，必然为众人所不容。又如金克木，木因而成器。火克金，金因而成为纯金、精钢。做人"修身克己"可以提高自身的素养与价值。这都说明克可能导致更高境界的生。

通过对阴阳五行思想的诠释，人们可以看到世界上各种事物之间的相互制约是多么严格，而其运动变化又是多么生动。它使我们高度戒惧，也使我们充满希望。

其次，天人合一解释大自然与人类社会的关系。这个思想又叫"天人相应"、"天人和谐"、"天人统一"，内涵大致上都相同。主要是认为人类社会在大自然中生成并发展，是大自然的一部分。所以人与自然相通相应，息息相关，是个统一体。由此得出结论，人与自然必须和谐相处。

在传统文化"天人合一"这个思想中，"天"的含义也是双重的，有时指上帝，有时指大自然。西方人认为大自然和万物是上帝创造的，既然创造出来了，人类如何对待它？西方人相继经历了三个阶段，即崇拜自然，征服自然，协调自然。中华传统文化不讲"征服自然"，相反地非常重视"顺应天时"。这正是"天人合一"、"天人相应"的突出表现。中华传统文化中的"天人合一"思想，对于我们当下贯彻落实科学发展观，努力倡导人与自然的和谐，具有十分重要的警示作用。举例来说，在经济飞速发展和科学技术日新月异的今天，人类为了最大限度地享受由经济、科技带来的成果，往往会依靠科技的力量向自然进行无节制的索取，从而最终导致人与自然和谐关系的破坏。因此，只有我们的头脑中时刻绷紧了"天人合一"这根弦，我们的经济发展、科学技术才会朝着有利于人与自然和谐相处的方向健康发展。

再次，中和中庸指导人们如何解决社会问题。"中和"是中华传统文化所追求的一种思想境界，即社会上和自然界的事物一样尽管千差万别，矛盾交织，却能实现多样的统一，复杂的平衡；种种不同的事物聚在一起却能协调和谐、共生并存、互相促进，实现"和而不同"、"和实生物"。

和谐是人类社会的崇高理想，是一种难以用言语表达的美好，但如何才能达到和谐境界呢？传统文化认为必须坚持中庸之道。中庸是要求处理问题不偏不倚，恰如其分，恰到好处。也就是把握准确的度，既不要不到位，也不要太过分，"过犹不及"。

实行中庸之道、把握准确的度很不容易，因为这必须具有三个前提：一是承认各种事物互不相同，各有特色，是客观事实，不以人的意志为转移。所以这个世界只能"和而不同"。二是要有忍让意识。处理问题最好彼此有益，实现"双赢"。三是要有修养与品格。孔子说："君子和而不同，小人同而不和。"又说："君子中庸，小人反中庸。"

第四，修身克己是指导人们如何认识和对待自身的强大武器。中华传统文化非常强调修身，并强调"一是皆以修身为本"。在漫长的中国历史上，曾大力宣扬可作为修身样板的人与事，还有许多有关修身的警句格言，包含了丰富的思维成果。修身思想在中国有着深厚的传统。现在人们不谈修身，却侈谈"实现自身价值"，但很多人并不真正理解什么是自身价值，更不知道自身价值的可变性。

提高自身价值要通过修身，修身才能使人超越原生状态而进入自觉追求崇高的境界。修身离不开克己。老子说："自胜者强。""自胜"就是克己，克己方能不断地超越自己原有的"动物本性"。

这四个思想要点之所以重要，是因为一个人活在世上，他总要对万事万物的存在与变化有个基本看法，这就是基本哲理。其次，这个人存在于大自然中，所以他必须对大自然与人类社会的关系有所认识。再次，这个人又生活在社会上，所以他必须懂得如何对待社会问题，如何处理人际关系。最后，这个人的自身也是一个存在，所以他必须懂得如何对待自身并实现其应有的价值。由于这四个思想要点渗透至各个文化领域、各种文化表现之中，并起着指导作用，所以它们对做好领导工作起着不可估量的作用。

5．传统文化的养生之道

传统养生是五千年中华文化的重要组成部分。养生的要义在于平衡，即促进身体的平衡以及与外部环境的和谐。古人认为，传统养生就在日常的饮食起居中，只要掌握了正确的方法，吃、喝、睡、行，无处不养生。

首先是吃，古人认为，食宜清淡，须讲五性。一是饮食要适量、清淡。《黄帝内经》说：吃饭的量恰到好处补气，吃多了伤气；味道过厚伤气，味道清淡补气。老子在《道德经》里也提出：过多吃美味的食物伤胃。二是要看食物的属性和身体的需要。任何可吃之食物都有其特性，即寒、热、温、凉、平五种属性。体内热时应吃凉性的，体内凉时应吃热性的。如：胃热，应吃寒性的香蕉；胃凉，应喝热性的姜汤。如果吃反了会引出疾病。又如：每年立秋至秋分之间的气候燥热，不宜吃辛辣之物，因为容易引发胃和大肠燥热火气上攻，导致耳聋、耳鸣等症。

其次是喝，古人认为，酒要适量，茶要宜人。饮酒有益，但要遵循规律：首先是适量。过量饮酒而又不能及时代谢出去，会直接损害内脏。其次要讲节气，立春至春分、立秋至秋分，要慎喝白酒。这两个时间段喝白酒，易引起内脏燥热。喝茶有益健康。茶的一大功能是去秽气。经常喝茶可去人身的异味。可是，不同品种的茶也有其不同的性。例如：绿茶，性凉，适合胃热的人喝；用茉莉花等熏制的花茶，由于茉莉花性温，胃寒的人喝茉莉花茶能起到暖胃作用；红茶，性温助消化，胃凉的人喝有助于暖胃；半发酵的乌龙茶兼有绿、红两茶的特点，属于平（中）性。

再次是睡，古人认为，睡觉是天下第一补，但也不能随心所欲，要顺应四时，注意节律。首先，睡觉与起床都要有分寸。《黄帝内经》关于养生的第一个原则是"必顺四时而适寒暑。"人只有顺应一年四季的变化，与变化的时空相协调，才有利于生命健康。一年有四季，一天也有四季。一年十二个月二十四个节气；一天有十二个时辰，二十四个小时。一天是一年的浓缩。因此，人一天的生活节律与一天"春、夏、秋、冬"的变化要协调。晚9点到凌晨3点是一天的冬季，叫日冬；凌晨3点到上午9点是一天的春季，叫日春；上午9点到下午3点是一天的夏季，叫日夏；下午

3点到晚上9点是一天的秋季，叫日秋。晚9点相当于"立冬"。到了晚9点，天地睡了，如果人不睡，如同人与天地做"拔河"游戏。"人力不及天力"，"拔河"的结果是天必胜人。人的身体变化节律与天地运行节律相吻合，才可以"借天力以还人力"。晚上睡得太迟有两种情况：一是晚上睡不着，二是困倦但硬挺着不睡。睡不着是阳气该收的时候未收。秋主收，下午3点到晚9点是日秋，人要逐渐进入收的状态。"阳气盛目瞠，阴气盛目瞑。"傍晚仍然做些兴奋的事情，阳气就收不回来，阴气占不了主导地位就难以入睡。第二种情况是硬挺着不睡，这是观念出现偏差，不懂得日冬的道理，不懂要符合自然规律。夜里睡得过晚会伤胆气。严重者还会患抑郁症。《黄帝内经》说："气以壮胆。""十一藏府皆取决于胆。"23点至1点是子时，胆经最旺。人在睡眠中养蓄了胆气，如果不睡觉消耗了胆气，严重者出现"怯症"（抑郁症）。晚9点至凌晨3点是人最佳的睡眠时间段。其他时间段的睡眠难以代替"日冬"。

起床的时间同样应当顺时。凌晨3点是一天的"立春"，6点是一天的"春分"。天地在3点醒了，人体的细胞在这个时空感应下也醒了。在每天3点到5点之间醒了无须再睡，有时候反而越睡越累。天醒人不起床，也如同"拔河"，人是拔不过天地的。5点前还没有起床，6点"春分"人的神就出不来，使人精神不足。一些人晚上常常会因工作搞得很晚才休息，时间长了影响健康。因为如果晚上睡得过晚会耗杀阳气，早上起得过晚会封杀阳气。古人叫"双杀"。因此，即使睡晚了，早上5点前也要起，中午补个午觉，防止"双杀"。此外，睡觉的房间不宜太大，还要关好门窗睡觉，主要是为聚集阳气。

最后是行，古人认为，行动适度，晨早行步。走路时应该把所有的精力放在腿上。神可调动气，气可以调动精，灌注到腿的关节之中。人体中流动的水分叫津液，津比较稀薄贯穿于肌肤之中，体温热时走汗道，体温凉时走尿道。液比较稠贯穿于人的筋骨之中，润滑关节。如果人走路精力不在腿上，胯关节、膝关节、踝关节，这些"人体轴承"得不到充足的润滑油，时间久了，会把关节磨坏。

行走还需把握强度。"生命在于运动"是人们常用的口头禅，但不完整。如果再加上两个字"适度"，即"生命在于适度运动"，就比较完整了。

走路时腿轻快就走，腿累了就歇歇。因为腿累了如同汽车发动机缸热了，再加速就会磨损机件。古人还认为，行走的时间最好是安排在早晨。因为早晨相当于一天之中的春天，春气在于"动"，加强以行走为中心的锻炼可使筋脉条达，强身健体。同样，中华传统文化认为，晚上相当于一天之中的冬天，冬天要重"藏"，积蓄能量以待春天，所以，不宜外出锻炼，避免消耗体力。

6. 传统文化给予百姓的不同空间

中华传统文化几乎都涉及君主应该如何使用其权力的问题，究竟给百姓多大的空间才更有利于形成一个和谐稳定又有效率的社会呢？我们如果把法家、儒家和道家进行个比较的话，法家给百姓的空间最小，儒家多一些，道家最多。相应的，法家的君主最专制，儒家次之，道家又次之，甚至到后来还发展出无君论，主张君主可有可无。在这几家中，道家最容易发展出对专制的否定，如清末学者严复所指出的那样，道家最容易和现代社会强调的自由和民主思想相沟通。

"物极必反"。在历史上，我们有时候可以看到一个并不偶然的现象，社会在经历了法家式的苛刻统治后，往往需要道家的清静无为来疗伤，然后再代之以儒家式的教化统治。譬如从秦朝的暴政到汉初的清静无为再到汉武帝的独尊儒术，隋朝到唐初也经历了这三个过程，就是当今中国从文化大革命到改革开放再到构建和谐社会也毫不例外地经历着类似的变化。

（六）西方基督教文化

西方的基督教（CHRISTIANITY）起源于1世纪巴勒斯坦地区，相传为犹太的拿撒勒人耶稣所创立。信奉者称耶稣为基督。最初为犹太教的一下层派别。1—2世纪间逐步同犹太教分裂，成为新的宗教。4世纪时成为罗马帝国国教。中世纪时在欧洲占统治地位，是欧洲封建建制度的重要支柱。11世纪分裂为罗马公教和东正教。16世纪宗教改革运动中，新教又从罗马公教中分裂出来，出现了路德宗、归正宗和安立甘宗三大新教主流派；后又陆续分化出其它许多宗派。以后，基督教各派系逐渐传遍世界各大洲，深刻地影响着有关国家的历史和文化的发展。

　　基督教教义由三位一体与创世说、原罪与救赎、教会以及来世说组成。首先，它认为："天主"只有一个，但包含了圣父、圣子、圣灵三个位格。它无始无终，超越时空，完美永恒，是宇宙的始因及万物的创始者，天主全善、全爱，人民必须对他敬畏顺从，听他安排；圣子耶稣在未降世前便与圣父同体，称为"道"，后来以肉身的形式由圣母玛利亚所生，叫"道成肉身"。耶稣的神、人二性统一在一个位格之中。圣灵与圣父、圣子同体，又由圣父、圣子差遣，进入人心，感化人的心灵。其次，它认为人为天主所造，但人类的始祖亚当和夏娃违反上帝禁令，偷吃禁果，造成"原罪"。他们的罪亦传给世上每一个人，所以人人都有"原罪"。天主派他的儿子耶稣来拯救人的罪恶（包括原罪与后天所犯之罪）。耶稣藉其生、死、复活及升天来救赎人类，世人则应以信仰及悔改而得救。再次，教会是全体在世或已死基督徒的总体。教会继承耶稣基督以完成拯救世人的使命。同时，人的肉身死后，生命并未终结，灵魂脱离肉体后，善者升入天堂享永福，恶者下地狱受处罚。但如善者生前尚有罪未赎尽，其灵魂则先入炼狱将罪赎尽再升入天堂。在世界的末日，耶稣基督将进行最后的审判，他要审判古今全人类，得到救赎的可升入天堂，不得救赎者将下地狱。

基督教要求教徒遵循"十诫",即:除上帝外,不崇拜别的神;不制造和敬拜偶像;不妄称上帝之名;守安息日为圣日;孝敬父母;不杀人;不奸淫;不偷盗;不作伪证;不贪恋他人之妻财。在宗教仪式方面,天主教和东正教都有所谓的七件"圣事":一是洗礼,入教仪式;二是坚振,坚定教徒的信仰;三是告解,教徒向神父告明自己所犯之罪并忏悔,神父则指示其如何赎罪,或为其赦罪;四是圣体(或圣餐),领食象征耶稣血肉的圣饼,以示获得耶稣的生命;五是婚配,为教徒的婚姻祝福,教徒结婚时在教堂里由神父主持的礼仪;六是终傅,教徒临死前由神父赐圣油并为其敷擦与祈祷,以示赦免其罪过,减轻其痛苦;七是神品,一种教会授予神父或主教神职的礼仪。新教的圣事比较简单只有两种:洗礼和圣餐。

基督教的组织以天主教最为严密,罗马教皇为天主教的最高首领,被认为是"基督在世间的代表",其教廷设在梵蒂冈,采取封建集权制的组织形式,统治着全世界的天主教和教徒,在有天主教的国家,还分成教省、教区,由神职人员进行管理。除教皇外,天主教的神职人员主要有:枢机主教,即通常所说的"红衣主教",他们由教皇任命,有选举和被选举为教皇的权利,一般都担任罗马教廷和各国教会的重要职务;首席主教(又称"宗主教"),为各国天主教会的首脑;总主教,负责一个教省的主教;神甫(也称神父),在基层教堂工作,直接管理教徒;修士和修女,是终身为教会服务的传教人员。东正教教会在各国的组织是独立的,彼此间只有松散的联系,由一个不定期的东正教最高会议起协调作用。东正教没有教皇和枢机主教,而实行牧首制,其主要神职人员有:牧首、都主教、大主教、主教、大祭司、祭司、修士等。新教的组织活动更为松散,神职人员的等级也比较简单,只有牧师和传道员,牧师负责宗教活动,一般在某个教堂工作,传道员则属于教会下层的宗教工作人员。

基督教传入我国的时间在唐太宗贞观九年(公元635年)。据保存在西安碑林的《大秦景教流行中国碑颂》记载,贞观九年,波斯僧阿罗本抵达长安,唐太宗命中书令房玄龄迎于西郊。阿罗本进入长安后,便奏上景教经典,并向唐太宗解释教义。贞观十二年(公元638年),唐太宗诏敕在长安义宁坊建波斯寺,度僧21人。到唐高宗时,景教已有"法流十道,寺满百城"之盛,在长安、洛阳、沙州(敦煌)、成都等地都建有景教寺。唐玄宗时，命景教僧与来自大秦(东罗马帝国)的主教一起，在兴庆宫举行宗教仪式，唐玄宗还下令从此将波斯寺更名为大秦寺。唐德宗建中二年(公元781年)，景教僧徒在长安附近建立了大秦景教流行中国碑，记录了景教传入中国后146年的历史。但到会昌五年(公元845年)，唐武宗下令灭佛，景教亦同时被禁绝。此后，一直到13世纪，成吉思汗及其继承者们连续西征，打通了东西交通，使景教在中国复活，也引进了罗马天主教，通称为"也里可温教"。据《马可·波罗游记》记载，当时北京、杭州、西安、甘肃、宁夏、镇江、泉州等地皆设有十字寺(教堂)，并有专管基督教徒的宗教管理机构"崇福司"。元亡后，也里可温教在中国几乎绝迹。明代前期的200余年，都没有基督教的任何活动。直至16世末，天主教再度传入中国。

东正教在我国的传播，约在17世纪中叶。早在公元1689年《中俄尼布楚条约》签订以前，东正教在我国的境内就有所活动。康熙五十四年(公元1715年)，沙皇俄国向我国派出了第一个传教使团，雍正五年(公元1727年)，《中俄恰克图界约》签订后，该使团变为常设机构，加强了对华传教活动，势力扩展到华东、华北、西北各地，到1949年前教徒已发展到数万人。

新教传入我国在鸦片战争时期，最早来华的是英国东印度公司秘书马礼逊，他于嘉庆十二年(公元1807年)到达广州。公元1823年，他出版了汉文的《神天圣书》(即《新旧约全书》)。而后，随着西方侵略势力在中国的扩大，新教也获得迅速传播，其影响较大的宗派有路德宗、长老会、圣公会、公理会等。

(七) 中西文化差异的成因

1. 海洋商业型文化成因

属于海洋商业型的西方文化源于希腊文明。由于古代希腊人生活在地中海之滨的多山地区，居民大多以捕鱼和狩猎为生，个人的技能和奋斗精神在征服自然的谋生中起到了举足轻重的作用，从而使人们产生了极强的个体意识。他们普遍认为，先有个体，后有群体，群体是由一个个单独的个体组成的，没有这些单独的个体就没有群体。因此，只有每个个体都自由发展了，群体才会发展，只有每个个体的利益都满足了，群体利益才会有可靠的保障。也就是俗话所说的，只要各人都把自己的门前雪扫干净，才不会有他人的瓦上霜劳驾你去操心。既然西方文化把人首先看成是人格独立的个体，那么群体就不是天然存在，而是人为地组织，即通过契约将诸多的个人组织起来才成为群体的，这种契约既有商业契约、婚姻契约，也有上升到全民契约的法律。在契约面前任何个人都有权利，也都承担相应的义务，诸如夫妻关系、邻里关系、租赁关系、上下级关系，甚至基督教里人与神的关系也是这种享有平等权利的契约关系，其中人与神的关系就体现在《新旧约全书》中，它是所有信教者必读之书。

2. 大陆农耕型文化成因

在典型大陆农耕型文化的中国，文明源于黄河流域。当时，从上游到下游的水利灌溉，既需要处理上下游之间的自流灌溉关系，也要处理同一平面之间水量的分配关系，为此，商周时代的政府就把农民组织起来耕种井田。其办法是开沟引水八户成一井，每井有地九块地，每块面积商代为70亩（每亩约相当于今0.2亩），周代为100亩，当中一块土地为公田由八户人家联合耕种，收获后归公家作为税收上交，从而产生了由"八"和"厶"组成的"公"字；周边八块同样面积的土地为私田，分别由各家各户自行耕种，收获庄稼归自己，并由"禾"和"厶"组成了次一等的"私"字，这是中国崇公抑私在文字上的最早体现。

这种平均主义的集体耕作方式及其上下游水量分配的权威，使人们自然而然地形成了集体主义的群体意识和崇拜权力的仆从习惯。因此中国文化认为，先有群体，后有个体，群体是天然形成的，个体只是群体的一员，一个人不能脱离群体而单独生存。

打比方说，人力气不如牛，奔跑不如马，而牛马为我所用；牙锐不如豹，爪利不如虎，而虎豹能奈我何。究其所以，就在于人能"群"，能依靠群体的力量去战胜自然界的各种挑战，形成众口铄金、众志成城的力量。一根筷子一折就断，一把筷子却拧不弯；只有群体存在，个体才能生存；只有群体发展了，个体才有出路。而群体又以遵守秩序、和顺共处的家庭为单位，于是就自然而然地产生了社会家庭化的儒家学说，即国只是家的外延和放大，治国如治家，从而使"君为臣纲、父为子纲、夫为妻纲"和"尊尊亲亲"成了根深蒂固的道德规范。这种缺乏"自我"的人格组成中包含着很大的他人成分，强调"做"一个人而忽略"是"一个人，"做"一个人与"是"一个人是两个截然不同的文化观念。

3. 海陆文化的不同特点

在"个体意识"发达的基础上产生的西方文化，强调的"是"个人人格的独立性，他们认为"是"人就要首先面对自己，使自己以本来的面目在世人面前展现，在世俗关系里保持人格的完整性与独立性；而"做"人犹如演戏，是为了别人才去表演，"做"一个人的角色，意味着社会公众对自己的看法比自己对自己的看法更重要。强调"做"人是人格不独立、不完整的表现，讲究"面子"与"人品"，追求价值的取向注重的是外在的东西而不是内在的东西。所谓"面子"是摆给别人看的；所谓"人品"那也是给别人评品的。如此"做"人，就要学会"察言观色"，下级对上级不仅要看"眼色脸色"行事，还要学会揣摩意图；对"有头有脸"的人就需要给足"面子"，即使他错了也不能使他丢面子；平时"做"人很在乎人家怎么说，惧怕自己的行动会"贻人口实"、"留为话柄"、"引人非议"，甚至怕在别人眼中"有点出格"、"太不像话"等等。

正由于"个体"被弱化，独立的人格就很难形成，致使"逆来顺受"被当成"美德"，口是心非被推崇为有修养，对自己的人格抱无所谓态度。甚至认为"吃亏"就是"便宜"，任人利用、摆布与控制是有觉悟的表现。没有独立人格的"个体"组成的"群体"犹如一盘散沙，人与人之间仅靠世俗人情建立关系。这在熟人圈子里尚有一定约束，长幼尊卑分明，一般不敢胡作非为，在圈子外面则"宁可我负天下人，不可天下人负我"，露出一副霸道嘴脸。如在公共场所只要是熟人，便客客气气争着买票付钱；若是生人，则斤斤计较，分文不让，哪怕稍微触碰了一下个人利益就会大发雷霆，出言不逊，甚至还会拳脚相加，引发事端，以显示自己不可一世。至于社会公益活动，除非单位或政府组织，个体根本不感兴趣。社会道德感低下，有些人在别人没有看见时，胆大妄为，竟敢干包括随地便溺、高楼扔垃圾等不文明行为在内的种种丑事。在紧急关头，首先想到的是社会对自己的照顾和安排，而很少想到自己要有主动和自律，对社会对群体以及人类生存环境缺乏应有的负责精神。上述种种行为与张扬个性，提倡平等竞争，实现个人价值的市场经济精神更是格格不入，背道而驰。

因此，在全球大多数国家认同并推行市场经济的历史性时刻，作为从计划经济向市场经济过渡的中国，有必要正视传统"做"人文化的缺陷，大力提倡"是"人文化，促进主动和自律的公共精神在神州大地的普及与发展。

文化的重要功能是渗透与熏陶人心，并通过对人心的导向作用，以其无形之手操控着人们的言谈举止、人心所向和社会的变迁。由儒、佛、道组成，且历史悠久的中国传统文化不仅直指人心，而且作为由三点一钩组成的象形汉字"心"，更是形象地将三点中的当中一点表达为起主体作用的儒家文化，两边两点分别代表起两翼作用的佛家文化和道家文化，然后以一钩将三者紧紧地联结在一起，完美地组合成一个"心"字。

自汉代以来，由儒、佛、道所组成之中国传统文化逐步完善，所起的作用也日益显现。儒家文化十分强调实现人的社会价值，千百年来它通过"将相本无种，男儿当自强；朝为田舍郎，暮登天子堂"、"书中自有黄金屋，书中自有颜如玉，书中自有千钟粟"一类的儒家思想，教育青少年奋发图强，力争上游，极具影响力。纵观中国古今历史上多少文人志士在儒家思想的激励下，不惜抛头颅，洒热血，为实现其向往的崇高目标而"死得重于泰山"！

作为中国本土文化的道家则非常强调实现人的自然价值，它对老年人通过气功等养生之道达到延年益寿起着不可替代的作用。尤其是当离退休老人在心理上发生障碍患得患失时，我们只要开导他不怕自己吃亏只怕自己心理负担重而减寿，少活一年不但少了上万元的退休金，更大的损失是少做了一年人，这对重视今生今世活得更潇洒的道家文化来说又是多么不值得啊！

作为汉代从印度传入中国的佛家文化，经过隋唐以来的中国化改造，强调"顿悟"和"人生悲苦"，重视"善有善报，恶有恶报"的教育，使那些家有天灾人祸者"认命"、"求来世"，撑起信心的风帆，等待着未来的善报，这对历代统治者稳定人心，避免百姓造反，维持政权也起到了非常重要的作用。

由此可见，与西方文化注重向外扩张不同的中国传统文化，以儒、佛、道组成"一体两翼"，以自身反省内修为主要特征，对不同人群起着不同的作用。并且自古以来源于道家文化的"与时俱进"思想和来自儒家文化建立"和谐社会"的要求，以道里儒表的形式密切配合对历代安邦治国起到了十分重要的作用，只不过在当今浮躁的社会心态下很多人没有静下心来加以关注罢了。

如果能静下来，慢慢琢磨，我们就能由表及里地体会到中国传统先礼后兵的领导六法"仁、德、法、权、术、势"的依次作用了。首先是"仁"，乃推己及人的忠恕之道；其次是"德"，宽刑罚而重教化；再次是"法"，推行各种行为规则；第四是"权"，正常职责范围内支配和指挥力量的运用；第五是"术"，利用各种手腕，使下属就范；第六是"势"，仰仗权位之威毫不掩饰地强硬驾驭下属。

（八）文化的多样性、先进性、融合性及其表现

文化是人类历史在社会发展过程中所创造的物质财富和精神财富的总和，不同民族不同国家有不同的文化。儒学、汉字、汉语、中国画、过春节、放鞭炮，这是中国的文化。英语、油画、圣诞节，这原本是外国人的文化。当然民族的也是世界的，当英语、汉语等被其它国家接受的时候，民族的就成了世界的。当公元纪年、星期天、情人节这些原本是西方人的文化引入中国，被人们普遍接受的时候，这些文化也无疑成了中国文化的一部分，所以对于这个涵盖广阔的"文化"，我们不应该以狭隘的心态对待。汲取精华，摒弃糟粕，这才是一个伟大民族的博大胸怀！

人类创造了文化，也就创造了自己的历史，创造了一个文化的世界。尤其是现代文明推动传统社会从"以物为本"上升为"以人为本"，使经济管理相应经历经验管理、科学管理进而上升为文化管理，从而注定了文化成为明天的经济。正因为经济的竞争是文化的竞争，而人才又是文化的核心，因此，在社会上起着重要作用的领导者不仅是各类人才中的精英，也是国家经济和社会发展的栋梁。这一群体是否具备先进文化精神对国家

发展来说，至关重要！

　　就不同类型文化而言，首先是多样性而不是先进性，因为对不同类型的文化区分其先进与落后，我们便会陷入种族歧视的泥潭；而对同一类型文化而言，才有先进、落后之分。先进文化由代表真理的科学精神、代表善良的终极关怀、代表美好的人文精神所组成。对领导者来说，如何将先进文化的真、善、美内涵与自身的人生追求有机地结合起来，则是其一生取得成功的关键所在！

　　作为文化不仅有其多样性、先进性，也有互相借鉴的融合性。若从汉语言融合外来语来看，两千多年来就已经历了三次之多。第一次是东汉至隋唐时期。当时，随着印度佛教经典的翻译和流传，佛教典籍中不少优美的典故和具有艺术美的新词语，被我国六朝尤其是唐以后的文学作品所吸收，其中源于佛教的成语，几乎占了汉语外来成语的90%以上。从佛教用语转化为日常用语的，诸如世界、如实、实际、功课、课程、早课、晚课、觉悟、刹那、彼岸、因缘、三昧、公案、烦恼、解脱、方便、众生、平等、现行、相对、绝对、知识、唯心、悲观、泡影、野狐禅、清规戒律、一针见血、三生有幸、三头六臂、不二法门、不生不灭、不即不离、五体投地、功德无量、拖泥带水、大慈大悲、心猿意马、唯我独尊、不可思议、僧多粥少、味同嚼蜡、快马加鞭、皆大欢喜、"苦海无边，回头是岸"、"放下屠刀，立地成佛"、"种瓜得瓜，种豆得豆"；从佛教典故转化为常用成语的，如一丝不挂、大千世界、天女散花、天花乱坠、当头棒喝、醍醐灌顶、极乐世界、现身说法、泥牛入海、借花献佛、痴人说梦；从佛教生活衍化出来的俗语、歇后语，如"丈二和尚摸不着头脑"、"无事不登三宝殿"、"跑得了和尚跑不了庙"、"平时不烧香，临时抱佛脚"、"和尚打伞——无法（发）无天"等等，不一而足，举不胜举。这些词语，至今仍为我们所使用，可见佛教对中国文化的影响是何等深远！

第二次是西学东渐的晚清时期，被打开国门较日本为早的中国出现了不少介绍"西学"的汉语书籍，随着这些书籍被大量翻译成日文，汉语中的西学新词汇，如铁路、铁道、新闻、国会、权利、主权、公法、选举、化学、植物学、细胞等便成了日语的新词。后来，随着明治维新的迅猛推动，近代日本加速脱亚入欧，日语新词便反过来大量、迅速地流入中国，使得体育、文化、社会等一大批日语新词汇融入到现代汉语之中。以至于今天，我们顺口说出"为人民服务"、"加强组织纪律性"、"讲政治"、"永远革命"、"申请入党"、"掌握政策"、"大政方针"、"解决问题"、"学习理论"、"学好哲学"、"坚持原则"……时，这服务、组织、纪律、政治、革命、党、方针、政策、申请、解决、理论、哲学、原则等等，全是来自日语的外来语。还有像经济、科学、商业、干部、后勤、健康、社会主义、资本主义、封建、共和、美学、抽象、逻辑……数不胜数，也都来自日语。

第三次是改革开放以来，第三次外来文化传入高潮中进入中国的词汇就更多了，如百分之百用汉字的博导、硕导、因特网、网吧、上网、泊车、的士、打的，以及汉英文字混用的卡拉OK、B超，直至纯粹用英文字母书写的TV、KTV、CD、VCD、DVD、BBS、IP、QQ、CEO、CDMA、VS、PK……举不胜举。而有些外来词音义具备，极其生动有趣，如香港人用粤语谐音，以"泊"字译英文停车"Parking"，以"的士"译出租车"Taxi"以"打的"译租车"take a taxi"，以"席梦思"译"弹簧床"公司之名"simmons"（20世纪30年代前译作"雪门斯公司"，与床无联系)，恐怕都是高明之士妙手偶得而成。

文化更多的是一个社会的思维方式、价值体系和一种可预见的反应方式，而不仅仅表现在某些文化和艺术的形式方面。就像我们谈到一个单位的文化，很多人觉得我们单位文化就是大门口的标语：务实、奉献、创新等等，或者以为是工会组织的书画、唱歌比赛。其实这些都是非常表象的，实际上一个组织的文化包括了组织的权力下放程度、一个基层员工的创意到达决策层然后成为战略决定的速度，对于反对意见的态度，对于富有想象力但是会出点格的员工的容忍程度等等，其实这些才是单位文化，才更能表达文化的内涵。

# 建立良好的人际关系
JIANLI LIANGHAO DE RENJI GUANXI

　　人生中有许许多多的关系，但最重要的当属人与人之间的关系。而对你来说，首先又是你自己与他人的关系。你与他人的关系处理得如何不仅关系到你的事业，还关系到你的生活。有人说世界上没有永恒的友谊，只有永恒的利益。这话在一定的范围内是对的，但在生活中特别是朋友之间，同事之间，并不完全是经济、政治利益。因为在生活中，人与人之间的友谊本身是一种精神利益，在你周围，为了友谊而牺牲个人利益的事不是也很多很多吗？不过，这话也从另一个侧面提示我们，善待个人利益对于处理好人与人之间的关系至关重要。因为，人际关系涉及到个人的归属感和安全感。良好的人际关系给人以精神上的愉悦和满足，促进身心健康，因此人们都普遍渴望建立良好的人际关系。

　　尽管国外不少专家把领导概括为"以身作则、共启愿景、挑战现状、使众人行、激励人心"等五种行为和"找到自己声音、为他人做榜样、描绘愿景、感召他人、寻找机会、试验冒险、团结协作、让他人变得强大、承认别人的贡献、为价值实现和胜利而庆祝"等十个使命，究其实质仍然离不开人际关系的不变主题，即"无论何时、何种情况下领导都是一种人际关系"。因为人生在世靠智商做事，靠情商做人，学会做人，才能成事当领导。所以，作为时时刻刻要与人相处的领导者，建立良好的人际关系远比其他人更为迫切和重要。

（一）人际交往的原则

　　要建立良好的人际关系离不开友好的交往，其关键是深究其理，让人喜欢你。如果能以互益、诚信、尊重、宽容、适度等五个原则与人交往，常常能立竿见影，成效卓著。

1. 互 益

　　人际关系是人与人之间心理上的关系，反映了个人或群体寻求满足其自身社会需要的心理状态。因此，人际关系的变化与发展决定双方社会需要的满足程度。如果双方在交往中都获得了各自社会需要的满足，相互之间才能发生并保持接近的心理关系，表现为友好的情感，反之就可能是彼此之间的疏远。不同层次的人际关系反映了人和人之间相互需要吸引的程度。例如，一个经济学家希望学习写作，而一个文学家希望学习经济，他们就很容易建立起相互学习、取长补短的互补关系。如果他们在性格上又十分投缘，其人际关系不仅是良好的，而且友谊还会相当长久。同样，一个长者能帮助年轻人学习某项专业技能和知识，而一个年轻人也有能力帮助长者解决他本人干不了的体力和技术活时，他们之间尽管有很大的年龄差异，其"忘年交"的人际关系亦会由于互相吸引而呈现出良好和稳定。至于下属与上级领导由于隶属所产生的互相依赖也会产生互相吸引的关系，但这种关系完全依靠权力来维系，一旦领导者调动或下属离开岗位，他们之间不再有利害关系时,原有的吸引力便不再存在,相遇时最多大家履行一下同事的一般礼节罢了。正如一位当过秘书又任过县长的朋友所笑谈的那样:沿海地区一种称为"青蟹"的大螃蟹味道鲜美,价格十分昂贵。由于这种活螃蟹蟹钳强壮有力,锋利无比,很容易伤人,因此卖时必须用草绳牢牢捆扎,这样在称量时,草绳的价格也自然而然地上升到青蟹的昂贵价格了。他说,当领导秘书的人往往在社会上"吃得开",办事比较方便,其实就相当于捆扎在青蟹身上的那根草绳。一旦草绳离开了青蟹,便回归了自身的价值,草绳还是草绳,失去了比人家"方便"的办事能力。其实,不仅秘书是长官这个青蟹身上的草绳,就是为官为宦也是"官职"身上的草绳,一旦失去职位便还了他平民本色,如无其他专长者,其处境犹如敝屣,比有一定自理能力的秘书还不如。

2. 诚 信

以诚待人,讲求信义是人际交往得以延续和深化的保证。在交往中,只有彼此抱着心诚意善的动机和态度,才能相互理解、接纳、信任,引发情感共鸣,促进交往关系不断巩固和发展。例如,明清时期的徽商之所以能够脱颖而出,成为独执商界之牛耳、富甲一方的地域性商帮,除了他们敢于离乡背井,大胆搏击商海,前仆后继,百折不挠的精神之外,还与他们诚信、守法经营,注重内在素质提高直接相关。自古以来,制售假冒伪劣商品,以假充真,以次充好,是投机奸商获取非法暴利的惯用伎俩。尽管徽商中也有此类无耻渔利之徒,但就其总体而言,绝大部分的徽商还是非常重视商品质量,并在商业营销活动中自觉抵制和拒售假冒伪劣商品的,不少人甚至为此承受巨额亏损也在所不惜。例如,清代徽商吴鹏翔在一宗胡椒贸易业务中,购进了800斛胡椒,在得知这批胡椒有毒,原卖主请求中止合同原价退货的情况下,为防卖主将之"他售而害人",他宁愿自己承担巨额损失而拒绝退货,"卒与以直(值)而焚之",断然将800斛胡椒全部销毁,从而避免了一起可能导致大范围中毒事件的发生。

清代徽州茶商朱文炽因贩运茶叶至广州逾期,新茶已成陈茶。照理他可以私下以新茶名义售出,但为了遵守商业规范,显示良好的商业信誉,他在交易文契中"必书'陈茶'二字,以示不欺"。虽然当地"牙侩(中介经纪人）力劝更换",他也不为所动,"坚执不移"。为此,朱文炽付出了沉重的代价,"屯滞二十余载,亏损数万金,卒无怨悔"。以吴鹏翔、朱文炽等为代表的明清时期的徽商在商业贸易活动中,注重声誉,讲求商品质量,守法经营,绝不以次充好和拒售假冒伪劣商品的行为,使其在激烈的市场竞争中,赢得了广泛的赞誉,树立了良好的形象,最终达到了"吃小亏、占大便宜"的商业目的。

利用价格欺诈历来是投机奸商获取暴利的重要手段,但明清时期徽商则与此相反。他们"贸易无二价,不求赢余,取给朝夕而已。诚信笃实,孚于远迩"。清代黟县大商人舒遵刚对以欺诈手段获取非法利润的行为不屑一顾,他认为:"圣人言:生财之道,以义为利,不以利为义。……钱,泉也,如流泉然,有源斯有流。今之以狡诈求生财者,自塞其源也。"舒遵刚把"狡诈生财"提到"自塞其源",自绝其流的高度,充分反映了明清时期徽商崇尚和依靠信誉、质量获利的长远观点,而反对价格欺诈的短期行为。清代歙县商人吴南坡正是凭借"人宁贸诈,吾宁贸信,终不以五尺童子而饰价为欺"的商业准则,在广大客户中建立了良好的商业信誉,赢得了人们的信任,以至市场上"四方争趋坡公,每入市,视封识为坡公氏字,辄持去,不视精恶长短",最终获得了丰厚的利润回报。

3. 尊 重

尽管由于主客观因素影响,人与人在气质、性格、能力、知识等方面存在差异,但在人格上是平等的。只有尊重自己和尊重他人,才能保持人际交往各方的平等地位。例如,某大学二年级一个学生,其家庭不幸发生火灾,双亲亦在大火中丧生,顿时断了生活来源。班上一位家景富裕的同学得知消息后,出于同情心竟在大庭广众、众目睽睽之下给了他200元人民币,结果那位受灾同学非但不领情,而且很生气,当场便断然拒绝。如果那位家景富裕的同学能换位思考,理解受助者的自尊心,换一种不伤害他人自尊心的方式加以资助,其效果就会大相径庭。

4. 宽 容

宽容比自由更重要!它来源于对每个人权利的尊重:我虽然不赞成你

的观点,但我坚决捍卫你发表观点的权利;我虽然不支持你的行动,但我坚决维护你合法行动的自由!

1908年8月15日,在英国首都发生的宽容故事令人感动,当天伦敦报纸登载了一条引人注目的消息:33岁的内阁贸易大臣温斯顿·丘吉尔先生与23岁的克莱门蒂娜·霍齐娅小姐举行婚礼。

这一天热闹非凡,宾朋满堂,欢歌笑语。证婚人是财政大臣劳合乔治。而他选择的男傧相却是他在下院的一个坚决反对者——休·塞西尔勋爵。当时丘吉尔推行一系列争取工人拥护的社会改革,休·塞西尔勋爵在内的贵族集团坚决反对这些改革。这里反映了英国政治生活中的一个很有意思的特点:人们可以在下院和政治集会上相互咒骂,如同仇敌,但在个人生活中却能成为亲朋好友,相敬无间。在政治生活中虽然是公敌,却不妨碍他们在私人生活中称兄道弟。恩格斯《在马克思墓前的讲话》中也这样说过:"马克思是当代最遭嫉恨和最受诬蔑的人。……而我敢大胆地说:他可能有过许多敌人,但未必有一个私敌。"西方近代的这种宽容文化对国家现代化和社会长治久安起到了不可忽视的作用。

人是群居的动物,任何人都不可能孤立地存在。在相互交往中,不要对别人过分苛求。与人相处,不但要接纳别人的优点,也要接纳别人的缺点,因为生活中没有没有缺点的人。苛求别人无异于孤立自己。因此,宽容要表现在非原则问题上不斤斤计较,能够宽以待人,求同存异,以德报怨。宽容有助于扩大交往空间,滋润人际关系,消除人际间的紧张和矛盾。

在人际交往中,由于个体差异或不可预见的阴差阳错,因误会、不理解而产生矛盾不可避免。如果有人刺着或伤着你,你就耿耿于怀,以眼还眼、以牙还牙,必然导致恶性循环。反之,你如果相信人的感情是可以诱导的,相信绝大多数人良心有一天都会自我发现的,那么,你只要虚怀若谷,宽以待人,严以律己,对方迟早会醒悟,知道来而不往非礼也,绝大多数人还是会"投桃报李"的。

5. 适 度

首先,为交往所花费的时间要适度。由于人要工作、学习和休息,时间有限,要防止因过分强调人际交往和沟通的重要性而投入过量的时间和精力。

其次，交往的距离要适当。人作为个体都有崇高自由和保障隐私的愿望，同时，为了确保避免审美疲劳，人与人之间保持一定的距离是非常必要的，所不同的只是不同程度的交情要保持不同距离罢了。

再次，交往的频度要适当。千万不可小人之交甘若醴，关系好时形影不离，一朝不和，即互相攻击，不是势不两立，便是老死不相往来，所以古人教诫我们："君子之交淡如水"。

第四，交往的场合要适当。交往场合往往会反映出人的档次，在高尚场所交往使人不但有自尊，还能受到他人的尊重。反之，经常在他人嗤之以鼻的场所出入，便会被人瞧不起，拆了自己的台。可见，人际交往既要疏密有度，又要注意场合的适当与否。

（二）克服影响交往的心理障碍

几乎没有人不想建立良好的人际关系，但由于主客观的原因还是有人不能如愿以偿，甚至产生强烈的失败感。除了外部因素外，个体心理障碍是主要原因。如有的出于认知障碍，不愿与人交往；有的由于性情原因，不敢与人交往；有的由于技巧原因，不善与人交往；有的由于品格缺陷，人们不愿与其交往。总而言之，要不断克服自卑、自傲、自恋、自私、害羞、封闭、敏感、恐惧、孤僻等八个心理障碍，才能冲出心理羁绊，走上与人正常交往的康庄大道。

1. 自 卑

对自己缺乏正确的认知，在交往中缺乏自信，总觉得自己不足的地方太多，优势太少，失去交往的勇气和信心。而在交往中，自尊心特强者，则是内心世界的另一种自卑。

2. 自傲

与自卑心理相反，在交往中过高地估计自己，总觉得别人不如自己，盛气凌人，自以为了不起，常常对人嗤之以鼻，甚至会摆出一副不屑与人为伍的样子。

3. 自恋

自傲心理是自恋心理的外化，表现为外部行为；自恋心理则是自傲心理的内化，表现为一种不正常的心理体验。这种心理体验往往表现为：过分地自我关心，自我欣赏，觉得自己才高貌美，能力非凡，老是抱怨别人不重视、不欣赏，总感到生不逢时，怀才不遇。

4. 自私

自私与自恋一样是人的本性，是一对孪生子。过度的自私就会产生怨恨，你会怨领导不提拔你，怨同事故意整你或挫伤你，怨朋友忽视了你的存在，怨爱人背你而去，怨他人欺负你或背后说你坏话。这一切都是怨，每一个怨都会产生恨。

恨是随便什么怨都能激起来的。一个错误或一个误会都能激起恨。恨的情感非常泛滥，会像洪水一样奔涌，有时候你会莫名其妙地恨一个人。所以，恨是人身上一种自私和自恋的表现。正因为如此，古人造词时，把怨与恨合在一起称之为"怨恨"，并且怨在前，恨在后，意味着怨是恨的前提，是恨的基础，恨则是怨的最后升级。

5. 害羞

害羞者在人际交往中会过度羞涩拘束，神情不自然，常常不能准确、充分地表达自己的思想感情，成为交往中的被动者。

6. 封闭

表现为把自己的真情实感和欲望掩盖起来，过分地自我克制，使交往无法深入。不少完美的追求者常常会有这种表现，当他们在精神和物质上难以解脱的时候，甚至不惜一死。

7. 恐 惧

有恐惧心理者，在大庭广众、人头攒动的场合，会不由自主地感到紧张、担心和害怕，以至于手足无措，语无伦次，严重的会发展为交往恐惧症。

8. 孤 僻

孤僻者大多行为怪癖、偏执，为人孤独，不愿与人交往，几乎没有什么知心朋友和人际往来，却抱怨自己生活在人际情感冷漠的沙漠中，对周边的一切人和事都看不顺眼。

陆 为人处世的辩证关系
WEIRENCHUSHI DE BIANZHENG GUANXI

（一）利弊得失

利弊得失，无论是大人还是小孩都会遇到这一问题，更不用说领导者。利与弊、得与失是一对孪生兄弟，他们同时来到世界上，又同时存在于每个人的人生中。

利与弊、得与失总是相互联系的，有一利必有一弊，有一得必有一失。例如，为官为宦者忙于公务，但缺少自由；平民百姓有充分自由，却无尊贵和享受；从政者有名誉权势，但赚钱不多；从商者地位不高，却拥有官员难以企及的财富；从政者如无特殊艺术、体育天赋要想名利双收，敛财贪赃触犯国法，免不了身陷囹圄；说到旅游休闲，往往有时间者没有金钱，有金钱者没有时间，有时间有金钱者却年事已高，难以出行。可见，人要想得到什么，就必须准备失去什么。在许多情况下，失去本身就是一种得到，得到是另一种意义上的失去；得到的东西越多失去的也越多。所以人既不能因得到而满足，也不要因失去而惋惜。因得而失，因失而得，或得而复失，失而复得，都是平常事，能够做到利大弊小，多得少失，便是上上大吉。

正因为如此,生活天天在问,你应当怎样对待利弊得失,尤其是如何趋利避害?按时效划分,利有长远之利和眼前之利。按惠及范围划分,利有公私、大小之分。国家、人类之利,是为大公;团体、地区之利,是为小公;亲属、家庭之利是为大私;本人自身之利是为小私。人不能没有自我,但作为领导者决不能一切都为自己辖下着想地小公,也不能一切都为自己家族着想地大私,更不能一切都为自己着想地小私。

人在生活中要正确权衡利弊得失,关键要有高尚的品德。德高才能有远见,德高才能心系百姓,德高才能分清轻重。不能设想,一个利欲熏心的人会牺牲个人利益去服从国家和民族的利益;也不能设想,一个巧取豪夺的人会情愿舍弃小团体的利益而保全整体利益。可以肯定,那些为了一己之蝇头小利,不惜"千斤拨四两",慷国家之慨的贪官污吏是绝对不可能正确处理利弊得失关系的。

由此可见,无论什么人,利弊得失都会伴随他的一生,能否正确处理它们之间的关系将是人生的一大考验。希冀无弊尽利、有得无失,只是痴心妄想,能舍弃私弊赢得公利是一种美德,贪图小利招致大弊是一种愚蠢,因谋取一己之私利而酿成公弊则是人生之奇耻大辱!

(二)喜忧义利

喜怒哀乐,乃人之常情,但最能影响人的心绪。因忧导致心理失衡者有之,因喜而乐极生悲者有之。人切忌大喜大悲,因为大喜大悲都不利于心灵的宁静。人要经常意识到,喜中有忧,忧中有喜。当好事落到你头上的时候要看到忧的影子,当坏事不幸降临时要想到喜已离你不远。生活中绝对的好事和绝对的坏事都不多见,而且在一定的条件下,两者还会相互转化。

可见,人既不能期望有喜无忧,也没有必要担心有忧无喜,要坚信在多数情况下,喜与忧都会结伴而行。正因为如此,好事连连者,不要冲昏头脑,注意喜之有度;坏事不断者,不能丧失信心,也要看到希望之光。因为,在这两种情况下,人最容易失去理智,使原本和谐的生活变得紊乱,美丽的人生失去韵味。

人之喜忧无不与名利相伴。众所周知,人皆有名利之心,但对待名利

却有两种截然不同的态度。持正确态度者,既不为名利所困惑,也不为名利所驱使,更不会见利忘义,他们认为"义"是人类有别于其它动物的崇高,是一种舍己为人的精神境界,如何处理义利关系是一个人成熟与否的标志。名利从来是身外之物,生不带来,死不带去,持正确态度者既不为获得名利而沾沾自喜,也不因失去名利而痛苦不堪。他们也珍惜名利,但从来不为个人争名争利。他们靠奉献赢得名利,靠诚信呵护名利,并能把个人的名利归功于社会发展的大背景之中。因而,他们虽有名利之心,却无贪图名利之嫌。

　　持不正确态度者以追名逐利为己任,把名利看得很重,以得到名利为喜,失去名利为忧,被名利两座大山压得喘不过气来。这种人的可悲之处在于,既不知名利为何物,也不知应当怎样去获得名利,更不知怎样驾驭个人的名利。由于诸多"不知",往往把名利颠倒过来看,因而总是看不清名利,也得不到名利,甚至还会走向反面,被名利所捉弄。一些思想上无所顾忌,行动上无所不用其极者,更由于不择手段地舍义求利,触犯了刑律,非但求名求利不成,反而落得个开除、坐牢、一命呜呼的悲惨下场!

（三）真假美丑

前些时候，一个与意大利合资开设人造革公司的曹先生，告诉我一个令人深思的小故事。他说，他们公司生产出来的人造革，仿真度极高，做成服装后很难分得出是真皮革，还是假皮革制品，唯一能分辨的是真皮革有疵点，假皮革没有疵点。一位聪明的服装厂老板就要求他生产有疵点的人造革，以便进一步以假乱真，提高销售价格，但是，他遗憾地告诉那个老板，由于流水线生产，十分匀称，他不可能生产出拥有自然疵点的人造革。这个故事说明，真实的东西并不完美，而表面完美的东西并不真实。

推而广之，生活中的很多现象同样有真假美丑的问题。当你袒露有缺点的真相时，你是"真我"，是内心美的表现；当你把自己装饰得很完美时，你就可能是"假我"，是内心丑的反映。正因为如此，无论在工作中，还是在日常生活中，良知都要求我们多一点真诚、美好，少一点虚伪、假丑。

与人相处要真心实意。有的人"礼贤下士"想听别人的真话，而他自己讲出来却都是假话，这种人永远不会有朋友。他们自以为聪明，实际上是货真价实的傻瓜，真话不是只靠嘴巴说出来的，真话必须是真正发自内心的肺腑之言。要知道，人是万物之灵，直觉极强，讲的人清楚，听的人更清楚，言语表达中倘有半点儿虚情假意对方都能觉察到，也就是古人常说的"司马昭之心，路人皆知"。

做事也来不得半点虚假。做事不是求完美让别人欣赏，也不是装饰自己，更不是为了实现自己某种企图。做老百姓需要做的事，是一种责任；做别人没有做过的事，是一种探索；做自己想做、又喜欢做的事，是一种快乐。但不管做哪种事，都应当实实在在。作表面文章，是对责任的亵渎；作虚假文章，是对群众的欺骗；作违心文章，是对自我的讽刺。

生活中的美和丑，随处可见。外表有相貌之美丑，内心有修养之高低。外表的容貌和体形美是一种天赋资源，但美貌者不等于就自然拥有美德，也不等于与生俱来拥有知识和能力。因此，美貌者切不可以貌美而自恃，安于美德、知识和能力的短缺。至于丑貌者，尽管缺失天赋资源，但也不必因此而自弃，唐朝大诗人李白在"天生我才必有用"的诗句中所指的"有用",同样指貌不惊人,但品德、才能、知识惊人者的内涵之美,有用之美。

无论是外表美还是内心美,有的人生来很美,有的人后来经过修炼变得很美,有的人的美是装饰出来的,有的人的美是别人捧出来的。天生的美是朴素的,后来通过修炼而拥有的美是高雅的,自己装饰出来的美是虚假的,别人捧出来的美是多余的。正因为如此,人们鄙视后两种美,而欣赏前两种美。

丑也是如此。有的人生来很丑,有的人后来变得很丑,有的人的丑是自己造成的,有的人的丑是外人强加的。正因为如此,人们同情最后一种丑,也不责怪第一种丑,只是讨厌另外两种丑。

生活告诉我们,美丑有内外之别,若以美的表象掩盖丑的实质,是真丑假美;而美的实质被丑所掩盖,则是真美假丑。作为智者,不但自己要成为真美,同时还要以金睛火眼,对真假美丑加以识别,切不可被虚假的表象所蒙蔽。

(四)上下进退

生活中有不少涉及上下进退之事。上下犹如电梯的时上时下,对乘客来说,上下都是一种方便,是一种享受,人生的上下又何尝不是如此呢?

然而,人在生活中,特别在仕途上,受数千年官本位思想的影响,总是追求上,以上为荣,以上为乐;总是躲避下,因下而忧,因下而悲。其实,就每一个人而言,上升不仅会受高度空间限制,即使你有机会到达高峰也是暂时的,无论谁,最终都要返回地面。人皆由平凡开始,最终又回到平凡。小人物是这样,大人物也不例外。高处有高处之美,低处有低处之乐。你已经阅尽了高处之美,回过头来再享受一下低处之乐,不是更完美吗?你原来不也在低处吗?要知道,低处的温馨往往是高处难以比拟的,关键是要善于发现,学会感受。所以人在高峰的时候,就应当有下的准备,下是必然的,下来后也应当像在高峰时一样快乐。

至于进与退,在生活中,一般地说,进比退好,但当该退而不该进的时候,退则比进好,因为退一步或许以后能进两步。其实,无论工作、学习和生活都应当有进退,只进不退或只退不进,都容易招致挫折和失败。

对老年人来说，退休离职这是人生的规律，由于思想上只有上的欲望，没有退的准备，就会因退下而失落，而苦闷；有的甚至因退休而手足无措，惶惶不可终日。这都是自寻烦恼，自己与自己过不去，影响情绪事小，影响寿命事大，欲进反退，得不偿失。

（五）大小长短

生活中常常离不开大小长短。就大小而言，犹如汉字之"尖"，须知其上小下大，正确排列方有尖锐之力。人生的大小亦不例外，有些事，乍一看很大，多少年后回过头来看，其实很小。仔细想想，曾经让你烦心的所谓大事，今天看来竟成了不足挂齿的小事。当年让你悲伤过、叹息过的事，如今反而成了你一生中具有历史意义的追忆。

有些事，之所以当初让你觉得大，或许是你缺乏心理准备，或许是因为承受能力不够，更可能是由于你对自己还缺乏应有的自信。它从反面提示我们，某件事是大还是小与当事人是否成熟有关。对一个成熟老练的人来说，举重若轻，即使是大事也视为小事；而对一个幼稚浅薄的人来说，举轻若重，即使是小事也会成为大事。其差别在于前者有很强的掌控能力，后者掌控能力不足，甚至临事畏惧，不知所措。

经验告诉我们，当生活中冒出一些不顺心的小事时，你千万不要过分在意，能处理就快速处理，不能马上处置的就放一放再说，有些小事甚至可以一笑了之。千万不可因想化解这些不顺心之事而过分与自己较劲，明明无法挽回还死死纠缠下去，其结果只是徒添麻烦，对自己造成新的伤害。

一般来说，工作和生活中涉及的问题不会都是不可变通的原则问题，涉及到某些事的处理，常常既可这样也可那样。人不可只能拿得起，而不能放得下，该放下的就要放下。适时地放开自己，就等于解放自己，退半步对你大有好处。因为，世界上最大的是海洋，比海洋大的是天空，而比天空更大的是人的胸怀，当你有了博大的胸怀时，又有什么大不了的事放不下，容纳不了呢？

人与世界上的其它生物一样，生命都是有限的。有生必有死，生意味着死的来临，死意味着生的结束，不论多高寿的人，从出生那一刻起，就在向死亡迈进。也就是说，人来到世界，又要离开世界，这是谁也难以抗拒的自然法则。有的人主张把人生看得很短，有的人主张把人生看得很长。看短了，会使你更加珍惜生命的时光；看长了，会使你对生命更加充满希望。其实，人生犹如一个圆，无论是怎样画出来的，都有起点和终点，但把一个圆放在你面前，让你找出它的起点和终点却异常困难。人的死亡难以测试，与难以画出多大半径的圆弧并找到圆弧的终点颇有相似之处。这就是说人生的寿命有长有短，是长是短，也不是你自己能够驾驭的。有人活50岁是一生，有人活90岁也是一生。重要的不在于你能活多长，而在于你怎样珍惜生命的每一个章节，使人生的幸福超越痛苦，使人生整篇文章的意义超越时空。谁都知道，生命需要珍惜，但不同的珍惜方式，不仅使生命的价值有天壤之别，而且使生命有了永恒和短暂之分。唐代撰写《滕王阁序》的文学家王勃仅仅活了短暂的28个春秋，但他留下的十六卷诗文作品以及"落霞与孤雾齐飞，秋水共长天一色"的名句，千秋万代在国人心中回荡，你能说王勃一生的文学贡献还小吗？作品所反映的精神生命还短吗？

（六）荣辱勤懒

人生在世，谁都会面临荣辱勤懒的考验。就荣辱而言，人总是喜欢荣誉，而害怕耻辱。荣誉是个双刃剑，如果将荣誉视为一钱不值，那他可能是一个毫无进取心的人；而以为荣誉就是一切，那他就有可能成为荣誉的俘虏，一个生活在虚荣之中的耻辱者。

要获得荣誉既离不开自身天赋的聪明才智，也离不开个人的勤奋努力。创造汉字激光照排技术的王选教授在总结他一生成功的几点原因时，就十分强调勤奋的重要性。他说，一是60年代20多岁时开始锻炼英语听力（这在当时是不多见的），从而能够在较短的时间内大量阅读国外文献，这对选择正确的技术途径和作出正确决策十分重要；二是30岁以前具备了计算机硬件和软件两方面的知识和实践，这在60年代是不多见的；三是长期在第一线上拼命干活。王选成为现代毕昇的成长之路表明，机遇首先迎候的是勤奋者，天分首先偏爱的是勤奋者，命运首先光顾的也是勤奋者。以机遇不好、天分不够、命运不佳为自己的懒惰和失败开脱，是站不住脚的。

　　谁也无法否认，勤奋总比懒惰好，成功的人生应该是勤奋的人生。有的人一辈子勤奋，有的人开始勤奋后来变得懒惰了，有的人可能从小到大始终是一个懒惰者。由于勤奋的程度不同，成功的多少自然不同。你要多一分勤奋，才能多一分成功，勤奋的多少与成功的大小总是成正比的。你想取得成功，就要远离懒惰，因为懒惰荒废的不仅是时间，而且包括人生乐趣和宝贵的生命。

（七）动静曲直

犹如比着尺子画出的线也会有不直，地球上自然形成的江河没有不弯曲的那样，人生道路有曲直之分；江河海洋既有碧波荡漾的宁静，也有恶浪排空的动荡，人生同样会有相似的动静之变。

人生的动包括两方面：一是运动，其主要目的是为了强身健体，当然体育运动员的运动还带有竞技比赛的社会目标；二是走动，诸如旅游、考察，其目的是亲近自然、认识社会、增长见识和科学研究。

动是一种美，与动相对的静更是一种美。尤其是人的心神，该动的时候要动，但该静的时候一定要静下来。生活中烦心的事很多，有些事你越想忘掉越不容易忘掉，在这种情况下，你不得不把它记在心里。其实，生活就像一杯放久了的水，虽然每天都会有灰尘掉进杯中，但它只要静静地呆着，灰尘就会慢慢沉淀到水底，杯中之水依然清澈透明。但你如果不断地摇晃，搅动了整杯水，那么整杯水就会变得混浊起来。与此相似，如果你能让烦心的事也慢慢地、静静地沉淀下来，用宽广的胸怀去容纳它，你的心境也会变得敞亮起来。相反，你每天都想着这些烦心事，心情就会变得十分混乱和烦躁。

可见，动有动的魅力，静有静的乐趣。有的时候动比静好，有的时候静比动好，有的时候两者兼而有之最好。如老年人的养生之道便要动静结合，动是为了健体，静是为了健心，健心是健体的前提，健体是健心的结果。人到晚年，一定要更加注重保持心灵的宁静。人生难得圆满，心灵难得平静。只要你心理上平静如镜，就必定会获得更多的幸福和快乐，获得比相似体质者更长的寿命。

人生的曲与直是一种和谐的统一。对于人的成长来说，环境复杂坎坷就是曲，环境简单顺利便是直。犹如汽车司机高超的驾驶水平，只有在弯弯曲曲的崎岖山路上、在人车混合环境复杂的地方才能练就一样，人的意志、胆识与才能，也只有在艰难困苦中才能检验。在逆境中奋斗过来的人，不但能经受生理和心理的两方面锻炼，还能体会到曲的艰辛，直的可贵。遇到困难时，他们比常人更善于迎战惊涛骇浪；在顺境中生活时，更能感恩知足，比他人拥有多得多的快乐和幸福。

（八）善恶爱恨

爱与善，恨与恶，是谁都不得不面对的孪生兄弟。因为，一个人有了爱心才会有善的行为；反之，一个人心里有了仇恨，才会有恶的行为。人之初是善是恶，各有不同说法。西方基督教文化认为，"人有原罪"，从亚当和夏娃偷吃禁果的那一天开始人的罪名便已成立；中国儒家文化的创始人孔子的观点则与之相反，认为"人之初，性本善"。

其实，人既有善的一面，也有恶的一面。路遇不平，见义勇为，有人为此献出了宝贵的生命，这是人类善的表现。相反，有人好吃懒做，为了抢劫他人财物，不惜杀人越货，这是人类恶的表现。善与恶不仅表现在不同人的身上，有时也会同时反映在同一个人身上，例如，为了给母亲治病，儿子不惜冒着触犯刑律的风险拦路抢劫，以至于身陷囹圄；也有人对儿子之冤死申诉无门，便身缚炸药制造人肉炸弹，上法院炸死法官及工作人员以解心头之恨，凡此种种，不胜枚举。

同时，人的善恶经教育后也能转变，如中国传说中的武财神赵公明，明代以前是瘟神，后来浪子回头，成了保护财富的神祇；佛教经典述及的五百罗汉本是强盗，后来受释迦牟尼的精神感召，改邪归正，走上佛门领导岗位，都成了地位仅次于菩萨（地位最高是佛）的罗汉，世世代代受人顶礼膜拜，不胜光荣之至。

人世间，对于犯错误者的不法行为谁都可恶，谁都会产生一股仇恨之心，若一概用以牙还牙的办法来处理，"以其人之道还治其人之身"，人与人的关系就会走上冤冤相报的不归路。倘能把仇恨之心化为疾首痛心，那你就会痛惜他的堕落，于是产生爱心，随之就会想到如何开动脑筋，更好地帮助犯错误者改邪归正，从而善行也就会油然而生。可见，为人处事须"以人为本"，对触犯法律、法规和乡规民约而失足落水者，对一切犯有错误者，我们既要有一股恨心，也要有一股痛心，还要有一股爱心，这样人世间的恨才会转化为爱，恶才会转化为善。

理财是领导者不可回避的问题
LICAI SHI LINGDAOZHE BUKE HUIBI DE WENTI

由于创造财富是人类三大终极目标之一，因此任何领导者都不可能离开理财，哪怕是一个与创造物质财富无缘的单位，其领导者也有如何有效使用额定经费的问题。

中国自古以来倡导重义轻利，造字时将"两戈争金"称为"钱（繁体字）"、"十戈争贝"称为"贼"，因此，钱和贝无形之中便成了既可爱又可怕的字眼。由于古人把对玉的精心雕琢称之为"理"，理财就自然而然有了对财富精心雕琢的管理要求了，难怪有人说："我们身边并不缺少财富，缺少的是发现财富的眼光和促使其增值的管理能力"。

（一）钱币的起源和发展

1. 从齿贝到工具形钱币

"财"由"贝"与"才"两个偏旁组成，左偏旁的"贝"指南海齿贝，是最早使用的货币。钱币作为一般等价物，发挥了衡量财富多寡的重要作用。当时人们还将10贝称为"朋"，而朋以后又发展为名词"朋友"，由此可见，朋友并非仅仅只有友谊，还应该有一定的经济基础。后来随着生产力的发展，自然界齿贝在数量上满足不了市场流通的需要，人们便用黄金、白银、青铜等有色金属铸造形状相似的贝作为补充，当然数量最大的还是铜贝。此后随着岁月的推移和手工业的发展，人们用青铜铸造了不少铲、刀、戈等不同形状的生产工具和武器，并在市场上用以交换粮食、牲畜等农牧产品。这时人们才发现除了铜贝以外，铸造形体小于实际使用的生产工具和武器的青铜铸件也能成为人们实现市场交换的等价物，于是市场上就出现了所谓铲币、刀币、布币等新货币。

2. 从工具形钱币转变为重量型方孔圆钱

外圆内方既是中国人天圆地方的哲学思想，也是今天人们待人处事的原则。由于工具形和武器形的货币造型，多有锋利的棱角，容易刺伤人体，携带也不方便，于是，到战国晚期人们便根据中国人"天圆地方"的哲学思想，开始制造方孔圆钱。当时为了保证钱币含铜量与交换物等值，钱币都以重量计算，如秦半两、汉五铢钱。

3. 从重量型方孔圆钱演进为通宝型方孔圆钱

到了唐高祖武德四年（公元621年）才将重量制改为通宝制，使标志社会财富的钱币向象征性意义上迈进了一大步。此后人们所看到的中国钱币都叫"某某通宝"、"某某重宝"、"某某元宝"，如人们常见的唐代玄宗时的"开元通宝"、宋代徽宗时的"大观通宝"、清代咸丰时的"咸丰元宝"……尤其"大观通宝"四个字还是书写瘦金体著称的宋徽宗本人的手迹，极具艺术价值。由于一个方孔圆钱又叫一文，于是汉语中形容没有钱的人就有了"一文不名"的成语，形容不计报酬者为"分文不取"。同时，由于人们将1000个方孔圆钱用绳子串起来就叫一贯和一缗，后来便发展成为形容自始至终坚持做好某项工作的词语，如"一以贯之"、"一贯"、"贯彻"等等。

4. 大量铜钱用于铸造佛像，引发北宋纸币面世

到了宋代一方面开国皇帝赵匡胤"不抑兼并"的政策有力地推动了生产力的发展使市场上货币需求量大为增加，另一方面由于佛教的兴盛，民间多将铜钱捐献给寺院用于铸造铜佛像和宗教器具，从而造成了流通货币大幅度减少。为了解决铜钱奇缺的通货紧缩问题，北宋政府不得不以生铁铸钱应付"钱荒"。由于铜作为有色金属的价值大于黑色金属的铁，为了取得百姓的信任，铁钱不得不比铜钱做得大一点，重一些。当时的铁钱重量分为大小两种，大铁钱每10贯（即1000钱）重量为120斤，小铁钱则为65斤。如此沉重的铁钱，对商人来说腰缠万贯简直不可思议，1万贯的大铁钱有12万斤重，即使车载船装也十分艰难，于是四川16家富商联合起来发行称为交子的纸币。宋仁宗天圣元年（公元1023年），朝廷看到了纸币发行有利可图，决定收为官办，并将交子改名为钱引，还扩大了流通范围，在全国发行。

5. 无准备金的纸币导致通货膨胀及明中叶银本位制的确立

南宋继续发行纸币，称为关子、会子。元代更变本加厉禁止金银、铜钱交易，实行纯纸币流通制度，其纸币品种主要有中统元宝交钞、至元通行宝钞。明朝政府开始也发行称为大明通行宝钞的纸币，后来由于这种无准备金和实物作保证的纸币造成了极其严重的通货膨胀，为了避免重蹈元朝大量发行纸币导致政权倾覆的厄运，明中叶以后开始实行银本位制。一方面由于国内银矿的开采量增大有了这种可能，另一方面白银作为低熔点可分割的贵金属有着非常适合作为主要货币的优良性能，更加上哥伦布发现美洲新大陆后墨西哥银矿的大量开采又为中国在中西贸易中获得白银提供了方便。因此晚明至清，中国民间大额支付皆用白银，小额支付才用铜钱。

6. 美国购银法案和1935年中国纸币制度的重建

到晚清也开始使用银元，并发行过大清宝钞和户部官票，即后来人们

把纸币通称为"钞票"的最初来源。但这些为数不多的宝钞和官票的发行并没有从根本上动摇银本位制的货币格局，直到1934年美国通过购银法案导致中国白银大量外流，以至于1935年南京国民政府不得不宣布白银国有，实施法币政策，禁止各种银元流通，中国货币的银本位制才宣告结束，完全彻底地进入了纸币时代。

7.纸币上的人物

由于人对人的头像最敏感，其中只要有丝毫差别即能辨认，所以世界上凡大钞都印有人的头像。

美元上印的都是华盛顿、杰克逊、林肯等风云一时的政治家的肖像。

英镑不管票面金额大小，正面总是女王像，背面则是一些历史名人的肖像。

丹麦的克朗，肖像几乎都是妇女，而且没有一个是历史名人。

德国马克上的人物肖像都是名画中的人物。

法国、意大利、瑞士、比利时、荷兰等国家的纸币上，学者、音乐家、画家和建筑师等文人占绝大多数。以法国为例，法郎纸币票面上有哲学家帕斯卡、思想家孟德斯鸠、画家德拉克鲁瓦、音乐家德彪西和柏辽兹等文化名人的肖像。

前苏联卢布纸币上的列宁像、前南斯拉夫第纳尔上的铁托等，则是开国元勋。

韩元纸钞印的名人头像是朝鲜中期的儒学思想家李滉，李朝中后期最为著名的哲学家李珥和朝鲜李朝第四代国王李裪。

民国时中国纸币印的是孙中山、蒋介石；当今印的是毛泽东等政治家肖像。

（二）理财十要

中国最早的"财"，见诸战国尸佼《南风歌》中的第二句"南风之时兮，可以阜吾民之财兮"，相传为帝舜所作。此字由两个偏旁组成：左边的"贝"，右边的"才"，足见创造文字者的良苦用心，力求使"财"字寓意有才能者，才会拥有更多财富。

财政的"政"字按孙中山先生的解释就是"众人之事","财"与"政"合而称之则应该是"为众人理财"的意思，也就是说财政要把为人民大众服务作为它的目标。实行世界上多数国家所认同的"公共财政"，即财政要从事企业和个人干不了或不能干的事，如退耕还林一类国土治理大项目是企业和个人干不了的大事，司法、国防和社会治安则是企业和个人不能干的事，这些都应该进入公共财政的领域。

早在公元前21世纪，从中国国家诞生的那一天开始，就有了国家财政。但历史上中国人并没有将其称为财政，而是叫做"度支"、"理财"、"国计"、"国用"，直到光绪二十四年（公元1898年）变法时，皇帝才在诏书中第一次使用"改革财政，编制国家预算"的文字。诏书中的"财政"一词是外来文化，它与科学、文化、体育、卫生、社会、革命等词汇一起自日本传入，这是继东汉、南北朝佛教文化大规模进入中国的第二次外来文化传入高潮。

在第一次外来文化传入高潮中，中国有了上课、下课、课堂、课程、食堂、觉悟、口头禅、一尘不染、头头是道、心心相印、想入非非、恍然大悟、火烧眉毛、菩萨心肠、超凡脱俗等词语。至于从佛教生活中衍化出来的语言就更多了，如人们常说的"临时抱佛脚"、"庙小菩萨大"、"外来和尚好念经"、"不见真佛不烧香"……而第二次外来文化传入的科学、文化、体育、社会、革命等诸多词汇中，"革命"一词则属于出口转内销。早在古代中国就有"汤武革命，应乎天而顺乎人"的记载，但清末的孙中山先生却一直找不到合适的词汇来描绘他的事业，经常使用的还是"发难"、"起事"等词汇来形容他的变革事业，直到有一次他乘轮船到神户，一上岸就看到日本报载中华革命党孙逸仙抵神户的报道时，才发现用"革命"两字来形容他所从事的反封建事业最恰当不过了。从此近百年来革命不但成了中国十分时髦的字眼，而且以传统儒家道德理想主义作为文化背景的中国革命，相信人是为了崇高的道德理想而活着的，因此革命者无不以抛头颅洒热血，透过政治去实现道德理想为荣，于是前赴后继掀起了一波又一波的革命高潮。至于20世纪70年代以来第三次外来文化传入高潮中进入中国的词汇就更多了，如百分之百用汉字的博导、硕导、网吧、上网，以及汉英文字混用的卡拉OK，直至纯粹用英文字母书写的DVD、PK、

VS……举不胜举。既为大众理财,我以为要做到十要方能凸显效果。

1. 功夫在财务之外

财务管理工作单位叫财务,政府曰财政,个人称理财。财务的专业知识并不复杂,如涉及到数学运算,也无非是加、减、乘、除、开方、乘方而已。其功能从表面上看似乎是钱的管理,其实质是处理人际关系,因此它的复杂性不在于其本身而是在于它涉及到单位与单位、个人与个人、单位与个人之间利益分配的纷繁关系,要理顺这类错综复杂的关系并非拥有财务专业知识就能应付裕如,尤其在强调伦理道德注重人情关系的中国,财务与人际关系更为密切,它名曰经济工作,属于经济基础,实际上更接近上层建筑与人学相通,因此其功夫既在财务之内也在财务之外,而更多的功夫应在财务以外。如果要给出比例,凸显数量概念,"二八"、"一九"都不为过。

2. 要"以人为本"

既然财务更多的是处理人际关系,调动人的积极性,"以人为本"便成了财务工作的总纲,犹如渔夫捕鱼只要抓住纲绳,便纲举目张,一网打尽,全盘皆赢了。"人"字尽管很简单,但人的本身却很复杂,其复杂性在于人类既有动物的自利性,也有动物所不具备的思想性,即人有修养。所以说,我们深刻地认识到人是有思想的动物,不仅是当前财政工作不可或缺的理念,也是我们必须付诸实践的指导思想。在市场经济

的条件下，对于人这种特殊的动物既要用物质利益来诱导，也特别要注意沟通思想，多一点谆谆善诱，少一点凶神恶煞，因为财政部门不可能自行印制货币产生财政收入，却完全可以通过自己内心的努力，生产出更多、更好的态度，给当事人以温馨的人文关怀。

3．要"四两拨千斤"

世界各国财政收入主要来源于税收，发达国家可占ＧＤＰ的３０％以上，中国也不例外，只不过比例较低，近年仅为发达国家的１／２左右，可见中国财政收入与银行及其它社会所拥有的资金相比永远是一个小儿科。但财政拨款却有它的特殊性，与银行谁借钱谁还贷的原则不同，具有无偿性，例如要引导某一产业发展，只要贴息招标便能吸引大量社会资金投入，因此财政资金具有银行和其它社会资金难以比拟的导向性和杠杆作用，这就是我们通常所说的要发挥财政"四两拨千斤"的作用。

4．要给"会干活的孩子多吃奶"

对全社会来说，人们公认"发展是硬道理"，所以改革开放的种种措施，无不围绕着推动发展，促进发展这一中心任务进行。对财政工作来说

同样要以发展的思想来推动，那就是"会干活的孩子多吃奶"。如果财政政策向"会哭的孩子多吃奶"的方向倾斜，那么谁都不想努力，谁都会等、靠、要，希冀"天上掉下大馅饼"，如果造成这样一种局面，财政便掉进了不能自拔的万丈深渊，越陷越深，难以解脱。因为贯彻有困难便能获得补助的原则，谁都愿意制造困难，以求补助，补助便成了深渊万丈的无底洞。

5．要推行"垫凳腿"政策

古代中国人席地而坐没有凳子，大约在汉唐以后始行倚凳而坐。当今世界上大多数国家都流行凳子，且凳腿都会锯得一样长，因此凳面皆呈水平状态，用经济学的眼光来看这便是公平。若将人类社会视作一把凳子，那么人们所拥有的利益和财富便是凳腿，而这些凳腿又几乎都参差不齐，从而导致凳面的不平衡。若要改变这种状况实现平衡，最简单的办法是剥夺富裕，以最短的凳腿为标准将长腿全部锯掉，以降低代表生产力发展水平的凳面为代价实现低水平的公平。20世纪下半叶在中国就进行过此类剥夺富裕的试验，差不多30年后，人们发现这种办法只会使中国人在国际竞争中被淘汰出局，于是便有了邓小平的改革开放和允许一部分人先富起来的政策。这一历史教训本身就说明人是利益的动物，伤害利益便会伤害感情，伤害人们追求财富的积极性，尤其以人情定天下的中国，轻易伤害他们的既得利益，其后果更为严重。因此在条件许可的情况下，财政应尽可能在增量上做文章，切忌在存量上动脑筋，因为社会进步，经济发展，财政蛋糕愈做愈大是必然的结果。当然对那些获取过度利益者采取必要的削峰填谷，适当锯短长腿的措施也未尝不可，只不过不能常用，要坚持以垫凳腿政策为主导罢了。

6．要尽可能"花钱办事不养人"

计划经济讲公平，政府以养人办事为首要，市场经济重效率，尽可能办事不养人。由于养人难免带来人与人之间的矛盾，从而派生了思想工作及专做此项工作的中高级职称人员。后者要产品，要服务，便实施政府采购，公开招标，谁的价格低、质量好、服务优便向谁下订单，不仅思想工作消弭于无形,而且运用上两者有了明显的区别,市场经济花钱办事不养人,计划经济花钱养人再办事。

7. 要把"蛋糕"做大

人们常说"生命在于运动",世人遵循这一原则,通过登山、游泳、跑步、拳术、跳舞等不同形式,加强体育锻炼,大多取得了强身健体、延年益寿的良好效果,个中原因便是体育锻炼促进了自身机体的新陈代谢。财政收支同样蕴含着新陈代谢,它既要保证一定的税收收入,以促进企业降低成本,提高效益,增强自身的竞争力。同时,又要通过加大投入来引导产业升级、加快企业技术改造和推进社会各项事业发展,进一步改善投资环境,吸引更多的投资者,通过推动经济协调发展,开辟源源不断的新税源,把"蛋糕"做大。可见,财政与人类一样,它的"生命"也在于"运动",倘长期实行小收小支政策,收支的新陈代谢不旺盛,财政不但难以随着社会进步而发展,其职能反而会有日益枯萎的危险。

8. 要坚持"小河有水大河满"的方向

人们都知道涓滴之水聚成溪流,千百溪流汇成江河,"小河有水大河满"这是自然界司空见惯的一条规律,但这一规律在中国这个极端强调集体主义的国度里,长期被颠倒为"大河有水小河满",从而产生了种种遏制庶民百姓创造精神的陈规戒律,甚至以统一思想为名用个人权力左右集体

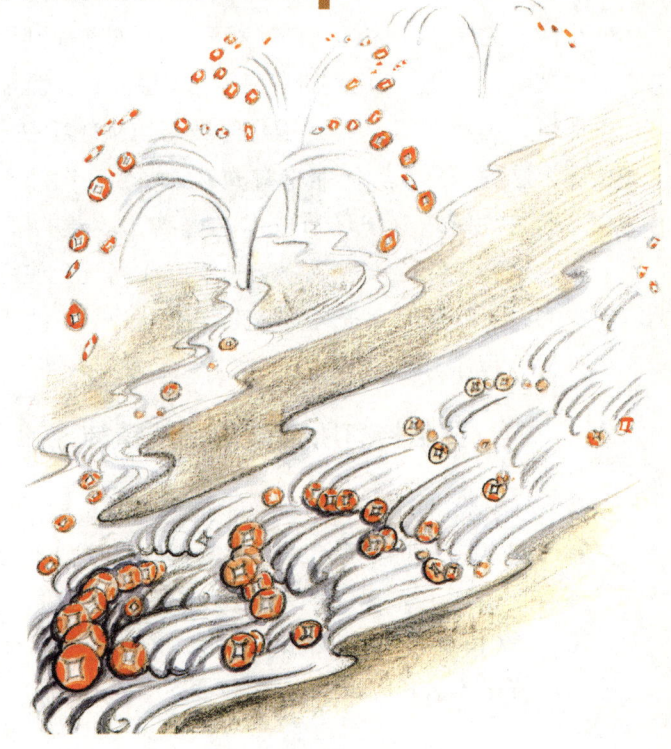

意志，以致发生了"文革"这类的人间悲剧。对财政工作而言，同样存在着"小河有水大河满"还是"大河有水小河满"的争论，也就是面向基层，增强基层财政的活力，还是收权于上，变相限制基层财政的创造性及活力，这是两种财政观的反映，若要遵循自然规律，还财政发展的本来面目，便要坚持"小河有水大河满"的方向，面向基层，以增强基层财政的活力为宗旨。

9．要建立寓约束与激励为一体的理财机制

人们都知道什么东西最紧缺，掌管该项权力的人便会成为香饽饽。记得20世纪80年代以前猪肉很紧张，国营食品公司的工作人员便成了人们追逐的明星和交友的对象，即使是操刀司秤的营业员，打开店门立在肉案之后也颇有一番非凡气度，其刀斧所向可以使你得到一块如愿以偿的好肉，也可使你大失所望连带毛的猪头肉都买不到。这种非同一般的感觉既来自猪肉的紧缺，更来自缺乏制度制约的随意性，倘有一套行之有效的制度，即使猪肉紧张也不至于如此。至于财政的资金分配，也存在着同样的困惑。因为财政资金的紧缺是永恒的难题，即使像美国这样富有的大国也有惊人的赤字。因此当前各级财政机关欲找到受人企求的感觉便用不着建立制度，只要通过随意性不断地运动群众，就能让基层单位像当年买肉者那样不远数十里、数百里乃至数千里地轮番往上跑不断来企求拨款补助，那么这种赵公元帅所能享有的感觉便会在财政干部身上油然而生，当然随之而来的财政分配环节成本的提高，效益的降低，甚至腐败也就在其中了。倘要降低财政资金分配成本，提高资金使用效益，避免产生腐败，唯一的办法就是建立一种寓约束与激励为一体的机制，让不带感情色彩的计算机按程序分配。

10．要坚持有所突破的创新精神

对一般人而言，可以按部就班；对主要领导而言，一定要有所突破，有所创新。人世间不但一切事物都不是一成不变而是不断发展前进的，而且由于各地主客观因素不同情况也千差万别，面对上级所规定的划一政策，我们绝不能循规蹈矩、一成不变，必须从实际出发，因地制宜，有所突破，才会有所创新，有所进步。

（三）经营十识

意识既是观念的形态，也是思想的集中体现，归根到底是人类进步的先导。对于一个企业及其领导者来说，拥有超前的意识尤为重要，因为没有超前的意识便没有超前的思路，也就失去了前进的道路，一个搞不清前进方向的企业其效益也便无从谈起。在中国，自汉武帝接受董仲舒建议"罢黜百家，独尊儒术"以来，儒家文化几乎一统天下，历代王朝无不推行重农抑商政策，按"士农工商"排序，将"商"排为末业。直到公元1840年鸦片战争后中国进入近代社会，商人的地位才有了改变。但随着"官督商办"的洋务运动兴起，公权力介入工商业，官商勾结，成了尽人皆知的生财之道，从此中国的商业文化又误入歧途。

今天，尽管对政治资本过度偏好的中国企业领导者仍然能够运用官商一体、投机取巧，甚至弄虚作假等急功近利的传统手段在某些领域取得了可观的经济利益，但随着社会进步、市场经济体制的逐步完善，老一套势必渐行渐远，如不及时改弦易辙，企业经营必将坠入难以自拔的万丈深渊。因此，及时更新意识，顺应潮流，与发达国家的工商业意识接轨，建立具有本企业特色的企管文化已成了企业领导者的当务之急。

1. 危机意识

危机意识是人类进步的动力，有了危机意识就会使人警惕，激励人们防微杜渐，奋发图强，转危为安，挽狂澜于既倒，置企业于不衰。

2. 竞争意识

市场经济是优胜劣汰的经济，尤其在经济全球化的今天，竞争不仅限于国内还扩展到全世界，"胜者王，败者寇"，天下没有常胜企业，一次成功不等于永远成功！要想立于不败之地，唯有坚定不移地确立自身的竞争意识，想方设法提高企业自身的竞争力。

3. 创新意识

古人言："兵无常态，水无定形，守业必衰，创业有望"。随着岁月的推移，社会在进步，需求在更新，作为企业领导者必须适应人群之需要，合乎时代之潮流，才能永操胜券。诚如伏尔泰所言："创新是时代的精神，谁不具备这一精神，谁就要承担时代的全部不幸"。

4．战略意识

企业是现代社会的经济细胞，"量物宜长，放物宜远。"在复杂多变的环境中，如何把握未来的发展，便是对企业生死攸关的战略要求。领导者有了清晰的战略意识，才能通过强化自身的优势，平衡内外资源，把握最佳发展机遇，使企业长盛不衰。

5．市场意识

马克思把产品从厂家走向消费的销售环节称为"惊险的跳跃"。如果这种"跳跃"不能成功，摔死的不是商品，而是生产者或经营者。因为，任何商品不能实现向货币的转换，投入的资金便无法收回，企业的生产经营活动必然难以为继。可见，市场意识是企业领导者须臾不可淡化，更不能掉以轻心的生命意识。

6. 知本意识

知识包含了人类对自然和社会的所有认知和适应，是一个真正意义上的生产要素。离开知识就不会有经济的增长，而经济增长的过程就是知识增长的过程。在进入知识经济时代的二十一世纪，人力资源与知识资本优势已经成为企业重要的核心技能，人力资源创造知识的价值更成了衡量企业整体竞争能力的标志。因此，是否具备"知本意识"是区别现代企业领导者和传统企业领导者的分水岭。

7. 知识管理意识

知识管理就是以知识为核心的管理，即利用市场等手段，对企业包括商标和专利在内的已有的知识和将获取的知识实行有效的管理，尽可能促进知识由潜在的生产力变为现实的生产力，确保企业持续、有效、健康发展。

8. 资本营运意识

在自然界，"大鱼吃小鱼，小鱼吃小虾"的生生不息，不但是符合客观规律的必然循环，也是世界多样性赖以存在的基础。在人类社会同样适用这一"优胜劣汰"规律，其"快鱼吃慢鱼"的主要表现形式便是"并购"，诚如曾获得诺贝尔经济学奖的美国学者施蒂格勒所说的那样："没有一个美国大公司不是通过并购成长起来的，也几乎没有一家公司是靠内部积累和扩张成长起来的。"由此可见，资本营运是资源优化配置、企业快速发展的必要手段。

9. 组织重构意识

在现阶段，跨国公司的结构，已从"U"型经过"M"型发展转化为"E"型。所谓"E"型，就是以商业生态系统来确定企业在其中的地位和作用。这一系统由客户、供货商、生产厂家、资金管道、行业组织、标准制定和管理机构等组成的一个协调群体，类似于一个生物群落，相互依存，优势互补，共同进化和发展。任何一个企业都必须在其中找到自己的位置，并充分发挥自己的特长，方能获得生存和发展的机会。

10. 可持续发展意识

企业的可持续发展包含两方面内涵：首先是增长，其次是发展。反映在资产保值、增值上的产量增加和销售扩大，仅仅标志着企业可持续发展在经济数量上的"增长"；而"发展"对企业的内在要求则远比单纯数量增长为高，它要求企业对内外资源加以合理利用，不断开发新产品，不断提高产品档次，适应日益增长的社会需要，促使企业保持长久活力。在现实生活中，我们既要防止有"增长"无"发展"或以眼前"增长"牺牲长远"发展"，也要避免只讲长远"发展"而忽视即期"增长"的不正确意识。

# 领导者的工作技巧和智慧
LINGDAOZHE DE GONGZUO JIQIAO HE ZHIHUI

领导者有两大任务：一是制定策略，二是激励执行。也就是说，在确定长远发展策略的基础上，领导者所面临的问题便是工作技巧和智慧，即如何动员和激励团队成员，互相配合，斗志昂扬地克服困难顺利实现既定目标。

（一）功夫在权力之外

1. 领导者的功夫在权力之外

写诗不同于写字，除了形式，还包含着丰富的内涵。诚如唐诗中的汉字一般人几乎没有一个不认识的，人们与李白、杜甫的差异不在于会不会写这几个字，而在于如何将五个字、五个字排列起来成为富有内涵的五言诗，七个字、七个字排列起来成为令人回味的七言诗。诗圣李白、杜甫知道如何排列才能达到那种意境，而一般人则难以企及。可见，写诗的功夫并不在诗内，而在诗外。领导工作也不例外，其功夫也在权力之外。

一个合格的领导者要具备经验、威望、能力和权力等四个条件，其中前三者为内涵，最后一个条件——"权力"为外在的硬件，起着载体作用。与世界上的其它事物一样，没有载体，内涵难以发挥作用，所以对一个领导者来说，一定的权力是必不可少的。

而对一个已经拥有权力的领导者而言，载体具备，更需要的是能发挥作用的内涵。因为，权力是身外之物，而且权与力也是不一样的。权是职权，力是领导力，拥有同样职权者比比皆是，而所发挥的领导作用却各有千秋，甚至大相径庭，其差别就在于各自用权的内涵不同。因为，权的运用犹如诗人的功夫在诗外那样，用权的功夫也在权力之外。

有些掌权的人总有一种用权征服他人的冲动，以一种高高在上的姿态，任意地支使着在下的人们。其实，权不是棍棒，而是连接人心的工具。聪明的领导者不把权暴露出来，而是通过感化人性的手段，巧妙地把权变成个人的魅力去实现管理，可以说，凡是高明的领导者都会将权与力的结合运用得"天衣无缝"，人们几乎感觉不到他在用权。世界上最好的衣服之所以是天衣，是因为它没有缝，看不出制作的痕迹。同样，最好的领导方法是看不出方法的方法，因为这种潜移默化的方法，被领导者不但没有压抑感，更没有人因为被控制而感到不舒服。

看不出他在用权的领导者，是高明的领导者。要做到这一点，就需要领导者充分了解下属的性格特点，对柔和者宽容大度，怒而不威；对张扬者小心谨慎，能屈能伸。尤其在平时，领导者要谦恭、虔诚地对待部属，使他们发自内心地敬重你，绝不要颐指气使，喜形于色，自以为了不起，要千方百计把权藏在暗处，拙而不露，使每个下属在人格都获得充分尊重的前提下，自觉而愉快地完成各项指令，这才是高明领导者功夫在权力之外的用权之道。

2. 领导工作既是科学，也是艺术，更需要智慧

世界上存在逻辑思维和形象思维两种思维方式。逻辑思维常以理性出现，具有科学特征；形象思维常以情感反映，具有艺术特征。

就领导者管人、管事、管协调的微观职能而言，"事"多属理性范畴，说明领导工作具科学特征。例如，以经济发展为基础的各项工作表现出很强的逻辑性，一个企业，有生产必有销售，有销售必有税收，而有增值税、消费税必有城建、教育等附加税收，这一切都说明了经济工作是一项充满理性思维的工作。

其次，由于领导工作的对象是人，而人只有有限理性，且都有七情六欲，个体差异很大，具有极强的社会性，因此，领导者要做好领导工作，不仅要有业务上的理性，更要具备做"人"的工作的艺术性，使自己的一言一行，举手投足都有相当的感染力和号召力，把"以人为本"落实在自己的行动上。

从协调工作来看，人与事纷繁交叉，对领导工作更有智慧的要求了。智慧与知识的差异不仅在于层次上智慧远比知识为高，更大的差异在于知识会陈旧，智慧却能万古长青，永远照耀着我们前进的道路。

无论从西文文献、中文典籍还是佛教经书来看，智慧都内含敏锐的洞察力、健全的判断力和旺盛的创造力。智慧有囊括四海之胸怀，举重若轻之气度，高瞻远瞩之预见，明察秋毫之眼力，事半功倍之绝技。智慧消弭了主体与客体、精神与物质、此岸与彼岸、有限与无限、相对与绝对、现实与可能、实然与应然、天道与人道、理性与情感、必然与自由、可说与不可说等等的二元对立，超越了二者之间不可逾越的鸿沟。智慧是真、善、美的统一，是真、智、乐的会通，知、情、意的和谐——它把诸多"三位一体"尽集于一身。其实，早在古希腊时代，智慧就被视为真知之基、众美之源和道德之魂。在茫无际涯的幽邃而诡魅的宇宙中，智慧只不过是漫漫长夜的一线亮光。但正是这一线亮光即是一切。

当然智慧也离不开知识并基于知识——知识经过"哲人之石"的点化，才能成为智慧，即整合的知识本体。这种"哲人之石"就是理性和情感的珠联璧合，就是科学和人文的相得益彰，就是真与爱和美的水乳交融。因为前者以物观之，后者主要是以我观之；只有智慧才是物我为一，以道观

之,从而独具立足现实、超越现实之慧眼。

如果说,公元1905年废除科举制度以前,中国的教育是孔孟之道的道德教育,那么该年开办新式学堂起,中国的教育就是知识教育。随着知识爆炸时代的到来,知识教育已经适应不了社会剧变的需要,一个人的脑袋犹如电脑,有一定容量,如果超过其承受力电脑就会产生黑屏,而人就会产生精神疾病,以至于绝望、厌世。那些莫名其妙跳楼自杀的高学历研究人员和个别领导干部就是人类生命过程中的"黑屏",他们没有以简约的智慧统率和驾驭繁杂的知识而出现了难以挽回的悲剧。可见,当今的干部教育除了必不可少的知识教育以外,主要是智慧教育,"启迪智慧,驾驭知识",让他们"与睿智者同行,走得更远"。

3. 善于思考是领导者的入门之道

在工业企业,技术工人都有学徒期,或二年、或三年,根据工种差异满师年限各有不同。唯独领导职位无学徒期规定,如西方一个中学生通过选举,一夜之间可以成为市长;一个演员,可以成为州长;一个木匠,同样可以成为总统。由此可见,做领导与学技术不同,技术工人等级可以凭藉个人技能和知识掌握多寡来判别,而领导者首先要有相当的认可度,才有可能出任;其次,领导者不是靠师傅带徒弟的办法来培养的,而是主要从自身体悟中获得。这就是说,领导者既可以在工作实践中通过不断比较、总结,体悟出其中的哲理来提高自身的领导能力;也可以在他人的启迪下,通过亲身试验,获得感悟来提高自身的领导能力。

一个善于思考的

领导者，必然足智多谋，办法和点子多；一个不善于思考的领导者，必然人云亦云，随波逐流。善于思考者，一方面是愿意思考，对不明白的事情有强烈的欲望去研究和探索，直到把问题弄清搞懂，而不是无所用心、不懂装懂；另一方面是敢于思考，思想解放，视野开阔，勇于冲破束缚思维的条条框框，敢于闯荡观念上的"禁区"。当然，敢于思考不是胡思乱想，而是遵循客观规律和思维规律，要在"大胆假设，小心求证"的前提下，理性地走进善于思考的入门之道。

这就是说，尽管领导者所从事的专业各有不同，但他们既要在思考中行动，又要在行动中不断领悟的要求却是相同的。善不善于思考，不仅是领导者素质能力的体现，也是其悟性高低的标志。因为，领导者既要有知识，更要有智慧。知识可以依靠学习获得，技能可以依靠训练纯熟，而智慧只能靠自己琢磨，在各种不同状态下通过亲身体验，或智者的启迪，才能获得的一种开悟。难怪有人说：读万卷书，不如行万里路；行万里路，不如阅人无数；阅人无数，不如高人指路；高人指路，不如自己领悟。

4．理性思考，不能都用理性表达

感性和理性是一对相对立的概念，感性是事物的表象，理性是事物的本质。领导者要透过现象看本质，因此凡事都要作理性思考。理性不仅与一个人的自然禀赋有关，而且与一个人的曲折经历有着密切的关系。一个人倘受教育程度越高，见识越广，处理的问题越多，积累的经验越丰富，理性思考的成分就会越来越多，而感性的成分就会越来越少。

由于理性是一个渐进的过程，而人又是有感情的动物，因此，不可能要求每一个人事事都很理性，尤其对普通群众更不能都以理性的标准来要求。所以，领导者的理性思考，不能都用理性来表达，在很多场合要以迂回的感性来表达理性的意见，让理性程度参差不齐的人都能慢慢接受，以免挫伤对方的自尊心或积极性，引发不必要的矛盾。

5．经历是领导者的宝贵财富

人生的经历不仅是不可再生的资源，而且是十分宝贵的财富。尤其是苦难的经历是人生最宝贵的财富，其中的苦难不但使人明白做人的道理和责任，还能理智而清醒地判断下一步应该怎么走。君不见老红军一生最引为自豪的就是二万五千里长征，津津乐道的是过雪山、草地，啃草根、树皮，而不是建国后的幸福生活。

作为一个领导别人的领导者，其经历同样是不可再生的资源，同样是领导工作的宝贵财富。尤其是波折和坎坷对于丰富领导经验更为重要。因为，对人生会有刻骨铭心提高的不是顺利的工作过程，而是盘根错节的矛盾和百思不得其解的痛楚，当你有一天克服了千难万险，好不容易找到了解决问题的路径，看到柳暗花明的希望之时内心是多么愉悦！对今后战胜类似的工作困难又多么充满信心！

6. 增强记忆与表达能力，拉近人际距离

凡记得住他人的名字、籍贯、年龄及其特点者往往能获得对方的好感，尤其是领导者对下属情况能了如指掌更令对方感激不已。而领导者对下属情况一无所知，被领导者将极为失望，因为，不了解就谈不上使用，更谈不上晋升。

语言和文字表达能力是人际交流的重要工具，领导者要布置任务、传达精神都离不开这一工具。擅长表达的领导者通过言简意赅的表述便能使下属对自己的意图一清二楚，执行起来也会干净利落，不容易在模棱两可之间留下尾巴。

由此可见，记忆和表达是领导者不可或缺的能力。一般来说通过正常渠道成为领导的人都或多或少具有上述两个特长，但要成为称职的领导者则须进一步增强这两个能力。因为，人脑的记忆、思维和表达能力与人体的其它器官一样用进

废退，用得越多，激得越活，况且一般人投入使用的脑细胞仅占 5—10%，尚有极大余地。作为领导者只有不断地通过文字和形象的交叉来强化记忆，不断地观察听众的表情来判断表达效果，听取直言者的意见来思考表达技巧，才能在实践中进一步增强记忆和表达能力，把拉近人际距离，提高工作效率真正落到实处。

（二）权衡于思辩之中

1. 置局部工作于全局之中

世界上任何工作都有全局和局部的关系问题。如对一个地区来说，经济工作是全局，业务工作是局部；对上级来说，它所主管的工作是全局，下级是局部；对领导者而言，一把手掌管的是全局，其他负责人掌管的是局部。

部门工作与全局工作的关系，恰似屁股与脑袋的关系。作为领导者，我们既不能只强调自己所掌控的部门利益，以屁股指挥脑袋，也不能忽视自己部门的工作，只讲你掌控不了的全局工作。因为，任何全局都是由局部组成的，没有一个个的局部，就不可能构成全局；同样没有全局的宏观协调，任何局部都会产生影响整体利益的盲目性。犹如人们常见的自然现象："小河有水大河满"是颠扑不破的真理，但一旦大河承受不了小河汇聚而来

的水量,也同样会泛滥成灾,危及生灵,影响全局和组成全局的一个个局部!

可见,作为领导者要置自己主管的局部工作于全局之中,从全局着眼,从自己所在的部门着手,努力做好本职工作,才能推动全局工作的开展,对社会作出较大贡献。

2. 工作要有程序性、前瞻性和创造性

世界上,做不到结果公平,但可以做到程序公平。因此,行使公共权力,要做到公平,必须从程序公平入手。也就是说,办事讲究程序、遵循程序,是领导者不可逾越的行事规则。尤其在重人情的中国,程序是对付"情大于法"的重要手段,也是领导者摆脱人情羁绊的最好武器。

常言道:"人无远虑,必有近忧"。作为一般工作人员可以循规蹈矩,一丝不苟地按规定办事;作为领导者则要关注社会发展的趋势,前瞻与现代业务管理制度接轨的大方向,针对主管工作存在的问题,在自己的职权范围内,正视困难和挑战,不断开动脑筋,加以改进和完善,才能有所前进,有所创新!前瞻是创新的方向,没有前瞻性便没有创造性。失去了创造性的民族不仅会挨打,甚至会走向灭绝。

可见,创新不仅是一个民族的生命和活力所在,也是一个领导者引领主管工作与时俱进,长盛不衰的关键所在。

3. 感情不能代替政策

人是有感情的动物，任何人与他人之间失去了应有的感情就会失去做人的资格。作为调节人际关系的领导者，也是普通人，也会有自己的喜怒哀乐，既有激情澎湃，感情冲动之际，也有哀伤欲绝，悲痛难忍之时。就肩负的服务责任来说，领导者热爱下属要一往情深，比常人要更胜一筹。如有人遭遇灾难，领导者必须义不容辞地身先士卒前往救助，赴汤蹈火在所不惜；若下属死于非命，更须替人弄清冤情，讨回公道，尽领导之责任。由此可见，领导者应是人群中有血、有肉、有感情者，否则便不配当领导。

不过人除了有感性的一面外，还有理性的一面。而处理人际间的利益关系主要依靠理性，因此，以处理人际关系为己任的领导者应比常人更具理性。这就意味着在任何群情激动之时，领导者都应保持冷静的头脑，以理性的思维来思考和处理问题，不能用一时之感情代替政策，尤其在突发事件中由于失去理性思考，当场拍板承诺一些会引发连锁反应的优惠条件，造成的后果最为严重！

例如，有一单位中层骨干被一场车祸撞成重伤，送医院治疗不到一天便告不治，此时在场的同事面对孤儿寡母的哭泣无不动容，对死者家庭提出的巨额补助和儿子顶职的要求齐表同情，并一致要求领导者当场允诺。结果，由于不是工伤事故，不仅事后无法兑现，带来极大的后遗症，而且还导致这位领导者的威信从此一落千丈。可见，做领导要有感情，还要有理性，绝不能以感情代替政策。

4. 急事缓处，缓事不拖

在世事纷繁的人类社会，领导者的重要职能便是处理各项事务。事务又分轻重缓急，对于急事要考虑缓处，对于缓事要做到不拖。因为，急事往往都是重要的大事，关系诸多方面，如果考虑不周，急着办理便会留下很多不平衡的后遗症；而缓事往往是看上去不太重要的事，如果大家都不重视，久而久之内外矛盾便会逐渐累积。所以，从事领导工作一定要把握"急事缓处，缓事不拖"的原则，遇事要冷静、多思考、多研究，碰到"急"的事如果考虑不周就不要急办，要三思而后行；遇到"缓"的事也不能由于大家都不急，而一直拖下去，以至于拖成尾大不掉的棘手难题。

5．合理的问题不一定都合法

一般来说，世界上很多合理的问题都是合法的，但就某个具体问题来说并不是合理的就能合法。中国农民住宅建造便是其中之典型事例。

中国传统农村建造住宅，农民大都不找建筑公司承建，而是找几个泥木工匠和一批亲朋好友，在自购材料的基础上建造。因此，自古以来农居建造与征税无缘。

随着社会的进步和新农村建设的展开，农民住宅开始进入统一规划，统一建造的新阶段。这样，不仅村庄布局合理，环境优美，而且由于以批发的形式购买建材价格比零售价低廉，统一请人建造住宅的建筑质量也有确实保证。但与前者不同的是后者是明显的企业经营行为，承建的泥木工匠必须缴纳税收，如不缴纳便是违法行为。可见，合理的不一定合法，而合法的却不一定合理之事在领导工作中经常会遇到，只有本着具体情况具体分析的精神，酌情处理才能达到妥善的要求。

6．要在制度框架内寻求突破

智慧有大小之分，没有小智慧者就谈不上什么大智慧。什么是小智慧？小智慧就是在工作中要解决一般人通常解决不了的问题时，尽可能不要走明显触犯制度之路，更不能自以为是领导者就用拍拍胸脯的粗犷办法，以我来挑担子的所谓"勇气"去冲破制度。而是要善于动脑筋研究制度本身的特点，去寻找既不明显违反制度又能解决实际问题的路子。因为任何制度条文与条文之间，制度与制度相衔接处都会有缝隙，只要能从中找到穿插得进去的缝隙你就能做别人做不到或不能做的事。这就是说，一个有智慧者至少要有从制度框架本身找到突破口的思维方式和工作思路。否则，就难以有所创新，有所前进，更谈不上超越前人。

7．个体问题不宜群体化

社会上有很多问题原来都是自成体系，通过各自运作来完成的，尽管五花八门，但还能八仙过海，保持平衡。倘若一旦打破原有体系，欲成大一统，便会将分散的责任集中在一起，产生难以估量的集体困难。

20世纪50年代初，由于私营工商业和手工业的存在，城市青年就业的门路比较多。公私合营后，实行计划经济，就业的门路便开始变窄，"文革"后更造成数以千万计的知青找不到就业门路，以致不得不动员他们上山下乡，把个体性的问题变成了难以解决的群体性问题。

推而广之，无论一个单位、一个地区或一个国家，都不能把那些原本可以分散解决的个体问题不自量力地汇聚成一个难以解决的群体性问题，给自己带来难以忍受的压力。

8. 想不出新办法，老办法便是好办法

只要不是新建的地区和单位，都似一辆用了多年的旧自行车。你若作为初来乍到的领导者，粗粗一看，问题很多，不该响的地方老是发出声音，该响的地方则响不起来，也就是说由于老旧的缘故，多半会有不少问题和缺点，不尽如人意是必然的。正因为这些问题是日积月累慢慢形成，并非一朝一夕产生，因此也绝非短期能够解决。所以，作为新任领导你不妨照旧使用这辆自行车，让原有的运作方式继续运转一段时间，切忌上任之初，下车伊始就指手画脚，说三道四，试图立即大拆大卸，使之立地成佛，整旧如新。若如此，你非得触霉头不可，不但会立即招致各方非议，且如旧自行车拆卸之后装不起来一样，结果不是人骑自行车，而是自行车骑人，让你背着自行车上路，其滋味又如何呢？

常言道："新官上任三把火"，不是说新领导上任不应有所作为，而是说，首先要多听、多看、少说，更不可当"马虎先生"，冒失动手，唯有弄清情况，在有绝对把握的条件下方许动作。犹如对自行车那些机理十分清楚的地方，有计划地更换一些磨损的零部件，谨慎从事，循序渐进才能确保其正常运作，否则将适得其反，欲速则不达。这与人们常见的水中之鱼凡性格急躁者，多半离水即因激烈跳跃而亡，性格温和之鱼离水后稍事反抗即趋平静，千方百计适应新环境伺机生存下来的道理是相通的。

新领导上任还要掌握急事缓处，缓事急处，三思而后行的工作原则。急事由于急往往会考虑不周，缓事则由于不急而无人办理，两者若不三思而后行都会误事以致坏事。

新领导上任，在弄清本单位各方面思想业务情况的基础上要注意发挥其他人的作用。须知人生在世，人人都希望发挥作用，实现自身价值，若

作为主要领导，你事必亲躬，最大限度发挥了自己在具体事务上的作用，那么别人便没有了用武之地。因此，主要领导的作用在于为他人发挥作用创造条件，搭设平台，做下属干不了或不能干的事，获得下属发自内心的尊敬。也就是说，主要领导只可与他人比魅力，切不可与他人比才能。俗话说，"木秀于林，风必摧之"，凡能让别人做的事尽量让别人做，自己少做或不做者是高人，不让别人做只想自己说了算的是笨人。人人有责任，人人都能实现自己价值的工作氛围才是一个理想的工作环境，也是一个能干成事业的环境。因为，其最终的成败得失必然与你作为主要领导的荣辱共沉浮。这就是说，当我们想不出新办法的时候，老办法便是好办法，因为它已运行多年，尚能应付。

9. 不能以道德取代法律

人们知道，法律是道德的底线，超过这一底线就会受到法律的惩治。对一般人来说，只能要求他按法律办事，不能要求他按最高尚的道德标准办事，如果这样法律就会形同虚设，起不到法律应有的作用。春秋战国时，孔子与学生子贡的一件轶事生动地说明了这一真理。

古代人多地少，拥有劳动力就会拥有税收，也就拥有当兵打仗的兵员。为此，鲁国的法律规定，如果鲁国人在外国沦为奴隶，有人出钱把他们赎出来，可以到国库中报销赎金。孔子的学生子贡是一个成功的商人，也是最有钱的孔门弟子，他在商业营运中周游列国，有机会也有经济实力赎出在外国沦为奴隶的鲁国人。子贡有一次遇到了这样的机会，在外国赎回了一个沦为奴隶的鲁国人，回来后他不但不去领取国家赔偿给他的赎金，当有关官员找到他落实政策时，他也断然拒绝了。

孔子知道后大为震怒，他当面批评子贡："端木赐（子贡之名），你这样做是不可以的。因为你带了个坏头，从今以后，鲁国人就不肯再替沦为奴隶的本国同胞赎身了。你收回国家抵偿你的赎金，不会损害你行为的价值；你不拿国家抵偿的赎金，就破坏了鲁国的那条国家财政代偿赎金的好法律。"

正因为子贡有经济实力，所以他能够拒绝国家把他付出的赎金还给他。更由于他是孔子的学生，受到了孔子的道德感化，所以他才会拒绝收回代偿的赎金。他大概以为孔子会表扬他，不料竟遭到孔子公开斥责，因为子贡误解了孔子不能以道德取代法律的思想。

孔子认为，大多数人没有子贡这么雄厚的经济实力，不可能不在乎这笔赎金，因为一般人如果白白付出这笔赎金，他自己的基本生活就可能受到影响，甚至难以为继。如果都以子贡为榜样放弃取回自己代付的赎金，那么他们即便看到鲁国人在外国沦为奴隶，有机会把同胞救出火坑时，大多数人也会放弃这一善举，不再为本国同胞赎身。

由此可见，子贡的"道德"行为是反道德的。首先，他把原本平淡无奇、应该人人都能够做到的道德，超拔到了大多数人难以企及的高度。既然"道德"标准如此之高，那么本来符合道德底线的报销所支付赎金的做法，就变成"合法"而"不道德"的了。因为"道德舆论"会对收回赎金的人说：你什么也没有付出，算是做什么好事？跟人家子贡比比，你简直就是个自私自利的家伙！于是，子贡式的"无私道德"，最终使"道德"变成了只说不做的东西，成了纯粹的高调。因为做了一件为奴隶赎身的大好事的人，得到的却是"自私自利"的"不道德"评价，谁还会去做呢？社会效果不是恰恰适得其反吗？

10．软硬兼施，以软为主

领导工作有硬与软两种手段。硬，是严格按制度办事；软，是通过思想工作启发自觉，在感动中奉公守法。前一种办法比较简单，因为任何单位皆事先制定纪律要求，一旦有人违法乱纪便可绳之以法，决不宽贷，起到杀一儆百的作用，从而促进工作人员奉公守法，自觉形成一个遵纪守法的良好风气。

硬的一手既简单，也非常有效。但在中国这个充满人情的国家，并非事事都能依靠硬的手段来解决，因此需要配合软的办法。所谓软的办法，就是千方百计让那些有可能违法乱纪者，事先有所警觉，不至于掉入犯错误的泥坑。这就是说，领导者要时时处处，注意观察，防微杜渐，做好思想工作，防患于未然。

在领导工作中，软与硬两种手段，缺一不可，而且还要以软为主。因为人是有感情的动物，一旦相互间发生过硬摩擦其感情便产生裂缝，很难

"破镜重圆"。诚如人的口腔,既有坚硬的牙齿,能做到无坚不摧,也有柔软的舌头,起到有效的调节作用。而且正因为软硬兼施,才使口腔有了配合得当的完备功能。同时,人们也都知道坚硬的牙齿随着年龄的增长便纷纷脱落,而柔软的舌头却能坚持到生命最后一刻的根本原因,在于柔能克刚。可见,领导工作亦如口腔,既离不开软硬兼施 更要以软为主,以情动人。

11. 在变中求进

世界上万事万物,变是绝对的,不变是相对的。人生之变,是人的生存方式的转变,正如一个人坐久了,要站起来;站久了,要走一走;走久了,要躺一躺那样是一种必不可少的转换。因为人体的某种存在方式持续得太久了,都会产生有损健康的不良后果,静止有害,变化才有益。记得有一年的春夏之交,面对桃红柳绿、春光明媚的西子湖,我请一位已成为一个中等企业家的大学同班同学曹先生谈谈成功之道,他就以自己的亲身感受阐述了变中求进的道理。

当时,这位略比我年长的老同学并没有直接回答我的问题,他指着正在地上爬行的蚂蚁对我说:少年时我看过一本书,书上说蚂蚁与羊一样会

产生个体有意识,集体无意识的"循规蹈矩"现象。你不信可以拿一个圆盘做试验,当你把一群蚂蚁头尾相接地放在圆盘周围,并让它们前进,这时你便可发现它们一个紧跟着一个,像一支长长的游行队伍,即使你在队伍旁边放置一些食物它们也决不动摇地继续往前走,直走到累死为止。

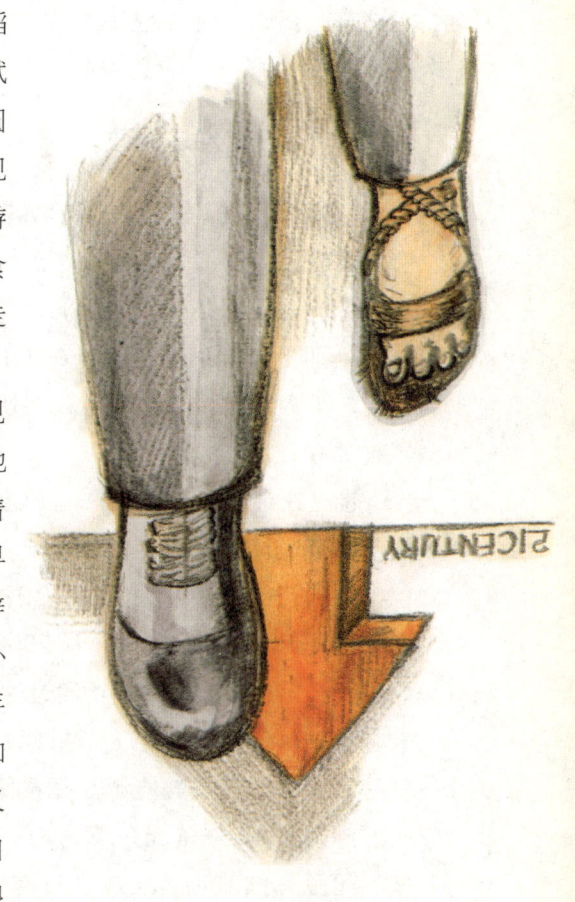

他说,作为高级动物的人也会出现这种因循守旧的思维定势,不知不觉地步入求稳怕变、不思进取的死胡同。怀着打破思维定势,寻找新的出路希望,他早在20世纪80年代,就决然抛弃铁饭碗辞去月薪近二百元的总工程师职务,去外资企业打工,学习他们的管理制度。六年后,他觉得自己已基本掌握现代管理知识,并有了数百万元的资本积累,于是又毅然离开待遇极好的外资企业,决计自己实践办厂。从那时起,经过十余年的艰苦奋斗和跌宕起伏的考验,他终于有了上亿元资产,去年企业销售达三亿多元,利润二千多万元,成了当地知名的企业家。而当年跟他一起工作,甚至比他能干的领导和同事都随着国营企业的倒闭成了下岗工人,两者境况判若天壤。

可见,人世间成功之路在于求变,尤其在极其顺利的情况下,要不惜抛弃所拥有的名利地位去寻求自己的新价值,才能取得新的成功!

领导工作同样如此。一个领导者如果不顾周围环境变化,墨守成规,按老皇历办事,便会以保守始,众叛亲离终。如果是企业领导必然导致产品积压,效益下降;如果是政府官员必然施政失误,导致民众意见汹涌;如果是科研单位势必出现成果偏离市场需求,与自主创新背道而驰。可见,无论是哪个领域的领导者都要随时随地,顺应社会形势;时时刻刻,不忘与时俱进，才能立于不败之地。诚如孙中山所言："世界潮流浩浩荡荡，顺之者则昌，逆之者则亡"。

12. 细节也是大政

"细节"是不容忽视的，因为它是大政方针的一个组成部分。英国政府最近呼吁驾车者：调整开车习惯，以减少二氧化碳等废气的排放。被要求改变的习惯都是些不起眼的细节，例如给轮胎打足气，别让发动机旋转过度（即尽可能稍微提前一刻换挡变速），及时清理车中杂物以减轻车子载重，等等。其目标之一是：促使英国在2050年之前削减60%的二氧化碳排放量。

也是在最近，欧盟春季首脑会议达成一项协议，决定欧盟各国将逐步用节能荧光灯取代能耗高的老式白炽灯泡，以减少温室气体排放。根据协议，各国可能通过立法，从2009年某日开始，禁止生产白炽灯泡。

在大西洋彼岸的美国，从2007年3月11日凌晨起，新的"夏时制"开始实行。美国国会2005年通过的这一新法案，把原来规定实行"夏时制"的起点——每年4月第一个星期日，提前了三周。很明确，提早"入夏"，就是为了节约更多的能源。据推算，顺利实施新法案，美国每年可由此节省能源开支44亿美元，节约80亿立方米天然气，减排1000万吨二氧化碳。可见，细节也是大政，日常生活的"细节"，已受到越来越多国家领导人的关注。

（三）力量来自人心

1. 建设和谐班子重在真诚沟通

领导班子是否坚强有力，影响一个地区、部门和单位的长远发展。诚如人们所知，作为象形汉字的"力"字，是在"刀"字的基础上装了一个刀把，才成为使得出劲的力字。而对于"刀"字本身来说，刀尖向外者称为"刀"，刀尖向内者称为"刁"，如果一个单位内部出现了刀尖向内的局面，那就有了不和谐、不团结的问题。同样，一个班子大家出的"力""少"了也不会是好班子，因为少与力组成了一个"劣"字，是一个不合格的班子。

由于一个单位的团结取决于领导班子的团结，而领导班子内部关系是否和谐，又取决于工作目标设置是否科学，班子成员在实现共同目标上是否合心、行动上是否合拍、困难面前是否合力。在和谐的领导班子中每个成员都能以共同事业为追求，既各司其职、各尽所能，又取长补短、彼此配合，分开来能以一当十，合起来又能以十当百。实现领导班子和谐，一个重要方面在于一把手以身作则，真诚沟通。

古代治水，鲧用堵的办法，结果水患不仅无所消减，反而愈演愈烈；后来大禹改为疏导之法，不断地沟通江河，才平息了水患，形成了有利于农业生产的水利，此后大禹也由于治水有功成了中国正式建立国家的第一位领导人。

人和人的关系也与治水相似，不同思想犹如不同的水流，也要不断地沟通，才能汇成有利于工作的思想洪流。因此，领导者对涉及到班子决策的重大问题都要事先沟通，关键时刻要及时沟通，意见不一致时要反复沟

通，只有通过沟通才能增加信任，凝聚强大的领导力量。

2．批评不在于批，而在于评

教育有两种不同的方式：苛责式和激赏式。心理学告诉我们，一个人从婴儿期就知道别人对自己的哭脸和笑容，感知外部世界对自己的"赏"与"罚"，希望获得来自外界的赏识和鼓励，不愿意受到羞辱和贬斥。婴儿尚有如此感触，何况成人？

诚如人们所知，针对别人身上存在的问题实事求是地开展批评也是一种教育，它不但有利于工作的推进，同时也有利于帮助被批评者健康成长。但在日常生活中，这种良好的愿望，往往由于批评者的方法不当并没有收到良好的效果。尤其是那些习惯于"苛责式"的传统方法，把批评的落脚点放在罗列对方表现上的所谓严"批"，这种野蛮、鲁莽的做法，不但不能帮助被批评者改正错误，反而使其产生强烈的逆反心理，与批评的初衷背道而驰。因为这种看似严厉的批评，批评者"批"的是表象，没有人情入理地"评"说，缺少一种循循善诱的感召力，缺少一种激赏式的鼓励。

要想使批评达到预期效果，就必须讲究批评艺术，既要注意摆事实的"批"，更要注重讲道理的"评"，尤其要按照"评"字左"言"右"平"言语平和的要求，通过"评"说，使犯错误的人真正明白错在哪里？为什么会错？以后怎么改正？

只有把"批"和"评"结合起来，而且把着重点放在"评"字上才能使对方心悦诚服，从而达到治病救人，助人提高的目的。这也是使下级能够从表面上"服从"上级，转化为真正从心底里"崇敬"上级的关键！

3．与下属保持圆心与圆周的关系

人与其它动物一样都愿意自由，更喜随心所欲。但一旦你当了领导便不能随心所欲、为所欲为了。因为，你被赋予一定职权，代行某一项公共权力，是组织的象征，而不仅仅代表你自己的所谓"个人"。

正因为你行使"公权"，你就不能以个人的喜好与同一单位的下属进行有亲疏之分的来往。更不能随意向人许诺，否则情况变化，难以兑现，

转眼间亲密关系便会反目成仇。同时,还要随时随地接受周围群众的监督,保持自身的先进性和廉洁性。因此,领导与所有下属,都要保持像圆心(领导)与圆周(下属)那样无亲疏之分的等距离(半径相同),尤其要特别注意与自己不喜欢的人相处,诚恳地接受监督,绝不可趾高气扬,厚此薄彼,引发人们的不满和猜疑,以至于莫名其妙地削弱自己的威信。

4、相互依存比竞争更重要

竞争被许多人视为核心价值观,与达尔文的进化论不无关系。1809年2月12日,出生在英国施鲁斯伯里的达尔文(1809-1882)在生物界中发现了竞争与演化的相关性,1842年,他第一次写出了《物种起源》的简要提纲,经过20多年的研究后,达尔文在1859年11月正式出版了《物种起源》。在这部书里,达尔文提出了"物竞天择"的"进化论"思想,推翻了"神创论"和物种不变的理论,冲破了人们的思想禁锢,启发和教育人们从宗教迷信的束缚下解放出来,具有深远的历史意义。

然而,达尔文先生雄辩论证的这样一部物竞天择、适者生存的生物进化史,向我们展示的是一个生动的大千世界,是一个物种多样性依存共生、色彩斑斓的美丽图画。我们不妨想象，远古时代的一片荒坡，在适当的阳光、水分条件下，生成了各种微生物、地衣、苔藓，然后又生出了草本植物；植物的增加，促进了昆虫的繁衍；而它们的共同作用，使土壤增厚并且肥沃起来，这又为灌木的生长创造了条件；此后便长出了乔木，最终形成了一片原始森林。在这片原始森林里，物种形成了复杂的相生相克关系。如果某一物种通过"竞争"异常增多，就会导致以之为食的各物种随之增加，到头来又将遏制其发展，从而达到了生态的平衡。恰如松树多了，导致松鼠大增，而松鼠多了，争食松籽，又反过来遏制了松树的繁殖，最终导致松树相对减少。由此可见，自然界既存在着相互竞争，也存在着相互依存的关系，而相互依存比相互竞争对生物圈的稳定更为重要。

把达尔文进化论中"弱肉强食"的竞争思想引入人类的社会关系当中并奉为"天理"，是人类社会特定历史阶段的产物。达尔文先生提出进化论的年代，正好是西方社会资本原始积累和向外扩张侵略的疯狂时期，物竞天择的理论迎合了资本主义发展的需要，受到了极大的推崇。在殖民者眼中，美洲土著的灭绝、非洲黑人的奴化，乃至鸦片战争给中国人民所带来的痛苦，都不外乎"物竞天择，弱肉强食"的结果，是天经地义的！时至今日，如果我们仍然只看到竞争的积极作用，看不到相互依存的更为重要的意义，就会使我们的价值观发生偏颇。这样的价值观放到人类与大自然的关系上，就成了疯狂掠夺。地球上的矿藏、森林、土地、各种生物以至于所有物产，无不成为掠夺对象，"征服自然"成了人类企图独霸世界的豪迈口号。在这一价值观指导下，人们为所欲为，无所不为，从而破坏了自然界的平衡。生物学多样性的急剧下降，最终威胁着生物圈的稳定。全球气候一反常态，沙尘暴纷至沓来，蓝藻遍布湖泊，赤潮席卷沿海，无数突发性的疾病威胁着人类的生存环境和生命安全。这样的价值观放到我们的社会生活中，便会扭曲无数男女老少的心灵，使人们崇尚"争"与"夺"，淡漠"让"与"和"；崇尚"大"与"强"，淡漠"小"与"弱"；崇尚"富"与"贵"，淡漠"贫"与"困"，其最终的结果必然会危及经济的健康循环和社会的和谐稳定。

在我们身边，以恶性竞争损害相互依存最终彻底丧失自身竞争优势的事情并不鲜见。例如，某一地区为了在GDP的竞争中取胜，不惜在江河湖泊之滨大办污染环境的工厂。为了降低成本，他们对废气、废水、废物不加治理，结果获利甚巨。但却破坏了当地环境，带来了疾病和死亡的威胁，不但周边居民染病，就是企业员工也因"三废"而中毒，丧失了劳动力，甚至失去了生命。后来，企业不但因此而倒闭，而且老板也被追究刑事责任，失去了自由。再如，某些企业为了在价格竞争中获胜，采取压低工人工资的手段来降低生产成本。由于工资低，招收不到高素质的工人，于是生产出来的产品质量低劣，班产比不上同类设备的其他企业，到头来"偷鸡不着蚀把米"，只好以倒闭告终。

可见，无论是自然界，还是人类社会，既互相竞争也相互依存，竞争是手段，相互依存是目的，相互依存比竞争更重要，因为自然界和人类存在的本身便是谁也离不开谁。行星相互依存才成宇宙，平原、高山、江河湖泊和大海相互依存构成地球，动植物和人类相互依存形成生物圈，灌木和乔木相互依存形成森林，男女老小相互依存形成人类社会，长辈与孩子相互依存才有家庭，男女相互依存方有夫妻，相互依存才形成了如此精彩的世界！

5. 成就下属，才能凝聚人心

一般来说，正因为你有能力、有水平才让你当领导。但领导只有一个人，他要做好一大堆的工作，靠的是什么？靠大家的协作和努力。对每一个被你领导的下属来说，他都会有这样的愿望：发挥自己的作用，实现自己的价值。

既然工作靠大家，大家又都有发挥作用，实现个人价值的愿望，领导者就没有必要事必亲躬，不放心别人的工作，更不能事事处处表现出比人高明，让人看了不顺眼。以至于人家会不满地说："既然你这么高明，那么你就自己干吧！"因此，即使你对工作有很好的主意和办法也尽可能启发下属提出来，并让下属去组织实施。因为，下属的积极性大多是靠肯定激发出来，而不是靠否定调动起来的。诸多领导经验证明，唯有不断调动下属的积极性，才能使各项工作在实施过程中，群策群力，克服困难，取得成功。说到底，一个单位的成败得失，都与领导者的业绩紧紧联系在一起，为什么不想办法让下属多干一些，自己少干一些呢？何况只有自己少干一些，才能留出时间来"踏方步，摇羽毛扇"思考更重要、更深远的问题，这等好事又何乐而不为呢。

可见，肩负组织任务的领导者，其最大作用是凝聚人心，发挥团队力量，而不是在具体业务工作上与下属比高低，露一手，把下属的积极性比下去。如果这样任其发展下去，领导者就会成为高高在上、孤掌难鸣，以至于一事无成的孤家寡人。

（四）综合才能创造

1. 综合才能创造，渗透才会突破

人们都清楚面粉、植物油、生葱、食盐单独食用都难以下咽，而一旦有人把它们用水综合起来做成葱油饼，便成了人人喜爱的可口食品。这里面不仅有在加热条件下，几种原料的综合之功，也同样有面粉、水、油、盐、葱香的互相渗透之力。

推而广之，在科技领域里，也同样存在着综合与渗透的问题。大家知道，人类早期的创造皆系个人之单项创造，如牛顿发现万有引力，爱因斯坦发现相对论。随着岁月的推移单项创造逐步完成，在领导者的组织下，开始走向综合，如瓦特发明蒸汽机，爱迪生发明电灯、建造发电站。到了日臻发达的现代社会一般综合的创造已完成，进入了高度综合才有创造的时期。因此今天谁能高度综合，谁就具有创造力，如通过机电一体化的高度综合，创造出计算机控制的各种数控机床，从而提高了金属切削加工的精度和速度；

近百年来人们将内燃机、传导系统、变速系统、转向系统及其它有关驾驶、乘坐装置高度综合在一起就成为汽车，而配上安全气囊、电视机、收音机、ＤＶＤ、卫星定位仪以及豪华装饰等装置就成了高档汽车；至于在创造汽车的基础上再进一步地综合，便创造了飞机，而在普通飞机再进一步综合的基础上，便创造了航天飞机，使人类实现了千百年来宇航登月的飞天梦想。

至于运用地球物理方法研究地质对于石油及其它矿藏勘探所具有的重要意义，以前很多科学家都清楚，但由于物理方法涉及相当多的数学计算，有些计算甚至一个人一辈子都完成不了，导致当年难以在这一领域取得突破性的进展。后来随着运算能力超强的电子计算机技术渗透至地球物理之中，才使这一难题迎刃而解，促进了勘探工作突飞猛进的新发展。

不仅在自然科学上，"综合才能创造，渗透才会突破"，在一般社会生活中也同样如此，例如社会上有很多人都认识3000个以上的汉语单字，但由于缺乏综合能力，便成不了诗人、作家，而同样认识这么多单字的诗人和作家却能写出脍炙人口的作品，也无非是他们能够将这些单字进行不同形式的综合罢了。从这个意义来讲，李白、杜甫的诗歌，罗贯中、施耐庵、吴承恩、曹雪芹的《三国演义》、《水浒传》、《西游记》、《红楼梦》等古典小说都是运用文字对人与自然、社会之间的关系进行综合所作出的创造。对于以２６个抽象字母组成的英文来说，其创造是更大规模综合的结果，世界级的文豪莎士比亚就是英语世界运用２６个字母进行文学创造的综合大师，所以说文学家与常人的差别仅仅是文字综合能力不同而已。倘就使用电子计算机来说，其创造也无非是对键盘上几十个键的操纵加以综合罢了。至于渗透才会突破的例子，更是俯拾皆是，如中国古代将诗歌渗透到散文之中便产生了新的文学形式——赋；将口述话本渗透到小说的文字之中便成了话本小说；将财经知识渗透到散文之中便成了财经散文。再如戏剧表演自古即有，以前为了衬托出各种不同的场景，提高演出效果，必须绘画制作为数不少的布景，因此，每次演出都要花费大量劳动力，车装船载往返搬运，自从现代声像技术渗透到戏剧之中，演出不仅省却了笨重的布景搬运，而且彩色图像投影背景更加逼真，更加扣人心弦，音响效果更为奇妙，更能感染观众。

同样,"综合才能创造,渗透才会突破"在经济学上的反映也屡见不鲜,如西方经济学认为,人是经济人,时刻在寻求利益最大化。其实人也有其理性的一面,这种有限理性与不同民族的文化背景有关,如西方文化背景是基督教,属于张扬个性的求异文化,以中国为代表的东方文化是儒佛道三教背景下的低调不张扬的文化,是求同文化,如果我们不能将西方经济学原理与中国的文化背景综合起来,便难以把握中国的经济发展,成不了中国土地上的经济学家。至于在经济学的科学研究中,如果没有诸多数学知识不断渗透到经济学领域产生计量经济学,经济预测就难以从定性走向定性与定量相结合的科学之路,经济学也不可能产生新的飞跃,获得人们的普遍青睐,上升为今日之显学。

毋庸置疑,在国际政治中,2003年美国用反恐名义取得攻打伊拉克战争的胜利是美英诸国的武装力量、现代科技、"9·11"事件以后的国际形势以及其它多种因素高度综合所创造的成果,而同年12月13日美军能一举活捉逃遁8个多月的萨达姆则完全是美国中央情报局不断渗透所取得的重大突破。

由此可见,"综合才能创造,渗透才会突破"是放之四海而皆准的普遍真理。作为领导者能在工作中运用高超的组织能力,充分综合各种自然资源、体制资源和人力资源便能打开一个新局面;而能够将一种超前的领导理念渗透到另一种行之有效的传统理念中去,同样会产生管理上的新突破。

2. 凡事预则立,要三思而后行

领导者受上级授权,独当一面,负责某一方面的工作,其责任十分重大。尤其是保持单位工作的高效、有序和稳定的运作,是他的头等大事。

因此,凡事都要事先有谋划、有步骤、有程序,绝不可临时动议,弄得各方面措手不及,以至于意见纷至沓来,引发单位内外原本可以避免的各种矛盾。

无论处理什么事情,在酝酿过程中都要反复思考,比较利弊得失,三思而后行,绝不可草率行事,更不能逞一时之勇,凭意气用事,坏了大局!可见领导者在思想和行动上,都要切记"小不忍,乱大谋",尤其要在"忍"

字上下功夫，做文章。俗话说"坚持到底就是胜利"，就形象地反映了谁能坚持到最后，谁就是胜利者。

3. 超越下属的工作层次

人类社会向来"术业有专攻，工作有分工"，只有坚持"有所为，有所不为"的领导者才能成为一个称职的领导者。"有所为"就意味着领导者要兢兢业业地做好自己分内的工作；"有所不为"是指领导者不能超越自己的工作职权。

就一个班子而言，主官是领导，副手是下属。就副职而言，分管单位和部门是他的下属。在自然界，地球陆地上不同的经纬度、不同的海拔高度，生长着不同的动植物；海洋里不同经纬度、不同水深深度同样生长着不同的水生动植物。如果海洋和陆地上的动植物不分层次，都挤在一起，势必发生矛盾，出现你死我活的生存斗争。

领导者和下属的关系，尽管是人与人之间的社会关系，但与自然界的动植物一样会产生相互之间的层次问题。如果主官做了副手的工作，副手无事可做，便会心生怨恨；而副手做了下属部门和单位领导者所做的工

作，也同样会发生矛盾。

可见，领导者要从超越下属的工作层次作为自己工作的出发点，来确定自己的工作职责。切忌把手伸到下面，越俎代庖，"种了人家的田，荒了自己的地"。更不能热衷于包揽下属那些有点实权的工作，违背"有所不为"的原则，以炫耀自己的权威。

对于有着相辅相成关系的过程与结果，由于分工职责不同领导者也要注意与下属各有侧重。这就是说，领导者要重视结果，做到对下属要求"准确"；下属则要重视工作过程，尽可能做到"确准"，一步一个脚印地往前走。

4、主次分明，切忌越位操作

人体四肢、五官是左右对称的机体，但其所发挥的作用却有主次之分。人们熟知的主手，医学上称为优势手，其所起的作用最大，一般人皆以右手为优势手，少数人以左手为优势手，由于动不动便拿起左手，表现与众不同，常被人戏称为"左撇子"。优势手不仅比非优势手有力气，而且做起事来干脆利落，比非优势手做得更漂亮。实际上，不仅是手有主次之分，就是眼睛也分主眼和次眼，只不过没有引起一般人的注意而已。

确定主眼的办法是：拿一只手的大拇指和食指做一个圆圈，放在距离两只眼睛前面二三十厘米处，对准一个物体，此时，圈内的物体两眼都看得见。这时，将一只眼睛闭起来另一个睁着的眼睛能同样看得见圈内的物体，此眼便是主眼，另一只发现物体跑到圈外的眼睛即是次眼。

次眼不仅在视力上起辅助作用，而且常常看

东西亮度也低于主眼，更奇怪的是当近视眼经过激光手术，原先视力很差的次眼变得比主眼视力更好的时候，病人就会感到不舒服，因为主次视力颠倒，看起来不习惯、不协调了。在人类世界，不仅眼睛不能主次颠倒，就是领导关系也不能颠倒，副手越俎代庖也同样会使人感受不顺畅，不仅一把手心里不高兴，就是其他人见了也会议论纷纷，到头来副手成了"吃力不讨好，好心办坏事"的典型。

（五）文化是无形之力

1、风格就是特色，否定也是权威

每一个领导者都有自己的领导风格，或刚强、或柔和、或刚柔相济，由于已经被人们所认可和接受，便形成了自己的特色。因此，领导者原有工作风格一旦丧失，便会失去自己长期形成的特色。

世界上万事万物都是辩证统一的，作为具有"令行禁止"职能的领导者，既有下令办好事的"肯定"职能，也有下令禁止违法乱纪的"否定"职能。如表现为正面反映领导的"肯定"权威的有拨款扶贫、立项修路等等为民办事的种种实例。

由于人的欲望无限，而各种资源有限，这就产生了有限的资源难以满足无限欲望的问题。特别在一个单位里，你不可能只做好事，不做整肃纲纪之事。因此，否定也是树立权威的重要方面。如交通警察在发现违章车辆后，常常先敬礼后处罚，不是扣分便是罚款，通过"否定"，充分显示了交警的权威。倘若交通警察没有否定之权，他就不可能树立交通管理上的任何权威。

可见，否定与肯定一样都是权威，只不过否定不像肯定那样令人愉快罢了。对领导者来说，这两种不同的权威应根据不同情况，交叉使用，缺一不可。

不仅对下属如此，对涉及上级的有关事宜处理亦同样如此。例如，在单一制的中国，领导者的权力除了来自自有资本的金融力量外，多半源于上级的授权，上级主管领导对你的印象好坏将决定你的升迁。但上级领导也是人，而不是神，他们同样有亲戚朋友。在以熟人社会为主要标志的中国，同样有人托他们办事。一般来说，遇到这一类与上级领导亲友有关之事，只要不涉及违法违纪，还是要给予面子，方便为好；倘涉及到原则性问题则不可造次，要千方百计说明情况，做好工作，用婉拒的形式加以否定，防止大家犯错误。而且，这种处理方式一旦形成风格并为人们所认可，也就为今后处人、处事站稳了脚跟，打下了富有特色的风格基础！

2. 形成认同文化，产生集体力量

文化能催生集体无意识的认同，其力量无比强大，犹如"春节"就是中国人对过年的文化认同。每当春节临近，车站、码头、机场等交通集散地人头攒动，人流汹涌，尽管一票难求、等候费时，但所有人的眼中、脸上却无一例外地洋溢着那么生动的"过年"幸福感；甚至海外那些已经不会说汉语、写汉字的华人，还念念不忘过中国传统的春节，这充分显示了文化认同的强大力量。

中国传统的过年，从农历腊月二十三的民间"祭灶"一直持续到正月十五的元宵节，所以过年不是局限于一个大年三十，而是一个持续二十来天的过程。它包括了年前采办各种"年货"；腊月二十三日开始"掸尘"，着手清理打扫居室庭院，更新壁纸、窗花等旧装饰物，而且还要把自己也从头到脚收拾好；在房门口贴春联、挂大"福"、挑灯笼；大年三十整个大家族围坐吃全鸡全鱼的年夜饭，寓意"团团圆圆，吉祥有余"，饭后放鞭炮、点焰火、熬夜守岁；大家族还要到祖宗祠堂祭祖，小户人家也要祭祀祖宗牌位，以求先人庇佑，后人平顺；年初一，给长辈拜年、给小辈发压岁钱；这之后的走亲访友、逛庙会、看大戏是常见的新春活动；到正月十五，放花灯、吃元宵，又是约定俗成的中国传统。

随着时代的发展、文化的多元以及家庭结构、居住格局的改变，中国人的过年方式已经发生了很大、很多的变化。一些仪式、细节、规矩已经逐渐淡化、消失。但是人们通过"过年"所抒发出的情感，诸如：对新年的美好祝愿、对幸福团圆生活的信心、对美好事物的追求、对和谐人际关系的祝福、对美好前景的企盼等等文化内核仍然表露无遗。

同样，一个地区、一个企业、一个单位都有各自的文化，如果领导者能够创建一种先进的文化并且贯彻始终，便能带动一大批人通过集体无意识的行为产生无穷的力量。如一家专事药品递送的物流公司一贯提倡以"净人心聚人气，凭良心送良药"为主题的企业文化，注意做好三项工作：一是用人得当，赏罚分明，使下属感受公正、公平；二是适当下放权力，使下属明显感受到上级的信任；三是组织形式多样的集体活动，积极营造愉快的工作氛围，增进来自相互理解和信任所产生的文化凝聚力。从而使"准确、及时、干净、礼貌"的收送精神深入人心，成为每个职工的自觉行动。据说，该公司某职工在一次卸货时发现药品外包装有一层煤灰，而卸货处又没有抹布，情急之中他竟脱下外套来擦拭。此时，恰逢收货方的老总路过，一看此情此景，感动得不得了，不仅没有拒收，而且还告诉下属：今后就得找这样有优良企业文化的物流公司运输！因为文化具有强大的力量，它可以将无意义的碎片组成有意义的拼图，尤其是艺术不仅能通过个人创造力的舒张和能量的释放突出了个人与集体的不同，另一方面它又有神奇之力把孤立的个人结成富有力量的群体。

3. 发挥想象，激发灵感，增进创造能力

创造能力是每一个人都拥有的天赋，人类，乃至宇宙的发展都依赖于这种天赋。一个人是否拥有较常人为多的创造能力，是衡量其能否出类拔萃的标志，领导者优秀与否也同样离不开创造能力，而且由于领导者的创造能力会影响一批人、一个时期，其意义更为巨大。

就创造能力来说，虽然有些人比另一些人拥有的天赋更高，但经过后天的不断努力天赋稍逊者也同样能增进自己的创造能力，对于广泛接触群众、极有机会施展自身才华的领导者来说更是如此。

由于创造能力来自于想象力，想象力源于灵感，灵感又来自于创造性思维，而创造性思维恰恰是一种边缘思维。倘一个人有能力点燃边缘思维的心灵火花就能在不同学科间产生异常迅猛的连锁反应，突破看似互不相关的禁锢，使自己的创造能力喷薄而出。例如，爱因斯坦的相对论、霍金的黑洞理论，都是先有想象，然后再用科学论理过程去论证的。当霍金提出宇宙形成的黑洞假设之后，他一直找不到大爆炸曾经发生过的证明。最后另外两位科学家帮他证明了。他们说，当我们都安静下来之后，仍然能听到空气中有噪声，这个噪声就是宇宙大爆炸留下的回响。从被人们忽视

的噪声，到假想的证明，充分反映了科学的魅力。难怪爱因斯坦十分强调，想象力比知识更重要。因为知识是有限的，而想象力几乎概括了人类世界的一切，它推动技术进步，它甚至是知识的源泉。由此可见，如何产生和丰富边缘思维是一个人增进创造能力的关键所在。

作为领导者要培养自己边缘思维的能力，首先便要通过孜孜不倦地学习，丰富自身的知识，做到尽可能的渊博；其次，要不断拓展自己的兴趣，做到尽可能的广泛并且通过增强记忆，使博闻强记落到实处；再次，要培养自己钻研复杂事物的爱好和能力，使自己尽可能多地接触各种事物，参与各项工作，了解尽可能多的实际情况，掌握它们之间的内在联系；第四，要主动参与不同类型的冲突处理，培养自己处理各种冲突的协调水平和决断能力；第五，做事不仅要主动积极，认真负责，而且还要执着，只有具备"面壁十年，图破壁"的执着精神才能使创造能力的实现落到实处。

4、理念主宰一切

西方哲学史将一种理想的、永恒的、精神性的普遍范型称为理念。"理念"一词源于古希腊文，原意是见到的东西，即形象。柏拉图排除这个词的感性意义，用来指理智的对象，即理解到的东西。理念分为两类，一是作为思想的理念，二是作为客观存在的理念。理念有不同的等级，善理念，即"以人为本"的理念，是最高的理念。而且，人们常常把作为思想的理念称为"观念"。

观念可以约束一个国家，一个社会。不少人奇怪，德国人制造出的机械产品怎么会那么坚固耐用。德国加入了欧共体后，大家才猛然发现，原来是在观念上，德国人与别国根本不同。

前些年在法国南部城市图卢兹空中客车飞机制造公司总部考察时所听到的一个故事，就说明了德国人如何在自己身上做文章的。这个真实的故事说，欧共体成员在一起研制大型客机，试飞阶段时，一些国家的工程技术人员照例将"爱护设施"、"小心使用"字样的宣传标记贴在机舱的醒目位置上，以提醒前来试坐的顾客们轻坐轻放，小心使用。而德国人却按照自己的观念，把那些提醒人们如何小心、如何爱护的标记统统揭掉，反其道而行之，请前来试坐的每一位顾客，对机舱内的所有设施尽可能地猛烈使用，比如厕所的门，你尽量地硬拉硬拽，甚至摔打；对你的座位，你尽可能地摇晃，甚至拆卸；凡是开关、按钮、能转动的地方，希望你用最大的力气去扭动；抽水马桶、餐具、顶灯开关……你都可以用不那么小心细致的方式使用。结果，凡是易损、易坏的部分都暴露了出来，从而使技术人员很快获得了加固完善的目标数据，并且在设计中加以充分考虑，从而大大提高了设备使用的可靠性。

德国产品之所以经久耐用，基于他们对产品质量与众不同的认识。他们认为，产品是否经久耐用责任不在使用者，而是在于产品本身的可靠性，尤其在产品试验阶段，德国人从来不主张让人去小心爱护。因为一个产品是否耐用，完全是厂家的事。这也就是我们常常在国外看到将商品从高处摔下、拿大铁锤敲打产品、用火烧水浸设备进行破坏性试验，商品仍然完好如初的广告，很难看得到写着"小心爱护"一类的商品广告。因为，后者把责任落在顾客头上，让使用者承担产品损坏的责任。

同样，观念也可以约束一个人，可以让一个人变成这样或是那样。譬如，"牺牲健康可以换取金钱，而金钱却买不来健康"的观念，不是每个人都能树立的，只有在生死存亡的关头才会在刻骨铭心中产生。最典型的事例是一个每天想着如何赚钱的亿万富翁，废寝忘食，从不顾及身体健康，有一天突然感到身体不适，到医院一检查，发现自己患了晚期癌症，将不久于人世，这时他才恍然大悟，观念发生了180度的大转变。他终于在离开人世前明白：人生是个过程，过程中离不开金钱，但超过自身需要的金钱并不是自己最需要的财富，人生最宝贵的财富是健康！可见，只要改变我们的观念，有些事，便会在一夜之间迎刃而解，被彻底改变。

5．挫折改变观念

一个人长期形成的观念很难改变，只有遭遇重大挫折或面临生死存亡之时才会发生重大转折。例如，一位著名的西医专家，他从来不相信中医，认为凭经验的中医既不是科学，也没有有效的治疗方法，看中医不仅浪费了时间和金钱，甚至还耽误了病人宝贵的治疗机会。因此，无论在公开场合，还是私人交往，他一概反对中医、中药。

转折发生在他年过半百，突发肺癌之时。由于西医治疗乏术，他明白自己将不久于人世，出于对生命的渴望，他一改对中医的鄙视，竟偷偷地让家人寻求中医偏方，大碗大碗地喝中草药，把求生的一线希望完全寄托在他历来不屑一顾的中医中药身上。

同样，一个从来不隐瞒自己观点的口无遮拦者，很难自然转变为沉默寡言的人。唯有遭受重大打击时，才会作出截然不同的转变。如20世纪50年代被打成右派者，多数是一些心直口快，喜欢提意见者。由于不慎被"引蛇出洞"成为右派，送农村劳动改造长达二十年之久，政治上、经济上、精神上吃尽了苦头。在此期间除部分不思悔改者外，不少人的性格都有了变化，三思而言成了他们的座右铭，沉默寡言成了他们的处世哲学。因为为了生存和少吃苦头，他们不得不通过改变自己，以适应环境。

6．工作要认真，生活要天真

古人言："一张一弛，乃文武之道"。领导者也不例外，工作认真，生活天真，就是张弛有度的文武之道。

在工作中，领导者唯有保持十分认真的态度，才能使一个单位保持严肃的工作氛围，激发下属工作人员全神贯注地投入职能运作，从而使提高工作效率成为可能。由于人的本质决定了人的一切紧张都是为了放松，因

此，一个人不可能、也无法在任何时候都保持一成不变的严肃，这就决定了领导者在工作之余要有一个天真活泼的业余生活。

天真活泼的业余生活不仅有利于领导者自身的心身健康，也是领导者与群众沟通和融合的极好机会。尤其是那些在严肃的工作环境中很难讨论的话题，在这种非正式场合完全可以用半开玩笑半认真的口吻进行有效沟通，将大事化小，小事化了，将难言之事愉快地消弭于无形之中。

更重要的是天真是想象力的胚胎，因为创意是人的本性，用大脑发挥想象就能产生好的创意。可见，有天真就有想象力，就有创造。想象力比知识更重要，知识是财富，智慧是财富，快乐是财富，天真是更大的财富！君不见，喜欢米老鼠、喜欢孙悟空、喜欢格萨尔王（藏族的孙悟空），是人类的初衷，是世界需要天真的最好证明。现代人一路走，一路丢失。丢失了单纯，丢失了天真，丢失了快乐，甚至丢失了爱。所以我们要唤起世界上正在泯灭的孩子气的天真！

（六）身教胜于言教

1. 领导不是强者，而是审慎者

中国除了社会主义是初级阶段以外，中国的汉字也是初级阶段。世界上，最早的文字都是象形字，后来大多数国家都发展成为逻辑性很强的抽象文字，而中国的汉字则始终是象形文字，因此中国人只要能认真地分析汉字的偏旁结构便能领悟其中做人处事的道理。

"刀"因为"刃"的锋利而具备威慑力。汉字的"力"，是由"刀"装上柄形成的，这说明刀装上柄，更能使得出劲，更有力量。反过来，倘"刀"字的刀尖改变方向，从朝外转向朝内，则是一个"刁"字，思想上一"刁"，势必引起内斗，产生"歹""匕"，其结果就会有"死"的可能。这就是说，领导者有权力，但权力是把"双刃剑"，既能用来安邦济世、造福百姓，也能谋取私利、毁灭自己。所以说，领导不是强者，而是一个审慎者：慎权、慎独、慎微、慎友。

慎权，就意味着要深刻牢记权利的责任和义务，谨慎用权，如履薄冰，如临深渊，夹着尾巴做人，正确对待和使用权力。

慎独，出自《礼记·中庸》："莫见乎隐，莫显乎微，故君子慎其独也。"一个人在有人监督时不做坏事，还比较容易，难得的是独处一地也能保持这种美德。因此，慎独，就是谨防自我放纵，在无人监督的情况下能够坚持原则，"吾日三省吾身"，恪守道德。

古人云："不虑于微，始成大患；不防于小，终亏大德。"任何事物的发展变化都有一个由小到大、由量变到质变的过程。小恶不注意，任其发展，势必酿成大祸。慎微，就是注重小节，持之以恒地在细微处严格要求自己。

社会交往是人们社会活动的重要内容，但朋友有高下之分，交往有损益之别，慎友，就意味着择善而交。在交往中态度端正，把握适度，对一个人的影响很大，"近朱者赤，近墨者黑"，领导者尤其如此。

2. 以身作则，用高尚的人文精神感召人

古谚"桃李不言，下自成蹊"，生动地表达了古人对领导者以身作则重要性的深刻认识。中国是一个盛行榜样文化的国家，领导者的举手投足、一颦一笑都会在群众中造成影响，其作用之大绝非其它文化传统的国家可比。因此，一个领导者是否具备榜样作用，在中国这一文化环境里至关重要。

所谓榜样作用，其实就是领导者用自身所拥有的高尚人文精神来感召下属。一个领导者的人文精神表现在其自身素质的方方面面，诸如在日常工作和生活中，在人与人的关系中，在人性的内涵中，在自己的心灵深处，那种始终植根于内心的素养便是人文精神。这种体现为素养的人文精神是一种他人无须提醒的自觉，一种以承认约束为前提的自由，一种设身处地为别人着想的善良。

当朝着这一崇高目标前进的时候，领导者在实际行动上能否注意时刻提醒自己是践行的关键。其检验的标准无非是：有多少时候不需要别人提醒就知道检点自己的行为；有多少时候不需要别人提醒就能自觉地遵纪守法、恪守做人的本分；有多少时候不需要别人提醒就能为事业牺牲个人利益；有多少时候不需要别人提醒就能为别人着想，与人为善，给他人以帮助，并且绝不考虑寻求回报。世界上，忘我的人永远不会被人忘记，如果

活着的人让人刻骨铭心地思念,那他的生命必然有双倍的价值;如果一个人去世了还能让人怀念,那他的生命将会在活着的人心中延续!

3. 永远有一块看不见的石头

日本京都有一座著名的寺院,叫金阁寺。寺院内有一个叫"枯园"的花园,里面没有真的花,真的树,只有用石头和石子点缀布置起来的石质园林景观。在该园的三面都围绕着古代僧侣和武士修炼的居所。在枯园当中,叠放着十来块石头,你无论从哪个角度来看这个花园,都会发现少看见一块石头。

当年充满智慧的花园修建者,希望通过这一设计给人们带来这样一种启示,你永远不要妄称了解世界的全部,你的智力、观察力或者你的思维一定会有到达不了的地方。

推而广之,对领导者来说,即使你充满聪明才智,在实际工作中也有你目力、精力所不能及的地方,也有工作中的缺失之处,所以领导者一定要有谦虚谨慎的精神,要有学然后知不足的情怀。要经常想一想,那块看不见的石头意味着什么?如何发挥想象力去揣摩那块看不见的石头?

4. 以出世之心,做入世之事

人从出生的第一天开始就踏入了世俗之门,作为入世之人,离不开名利地位、顺利坎坷,离不开喜怒哀乐、生老病死。也正因为人们追求名利,既推动了生产力的发展和社会进步,也引出了种种求名求利的丑陋行径、罪恶手段。为消除人生之苦,普度众生,释迦牟尼不惜出家苦修,创立以"三世因果,六道轮回"为基础的佛教,并于东汉年间传入中国。佛教要求遁入空门之僧尼脱离名利场,进入涅槃境界,不以顺喜,不以逆哀,忘身于外,步入出世之道。而作为一般僧尼要真正修炼到出世之精神境界并非易事。

早在1000多年前的唐代，就发生过一个叫"饭后钟"的故事。故事说，有个住在扬州惠昭寺附近叫王播的书生，由于家境奇艰，食不果腹，为了读书只好在佛寺蹭食。每次当他听到寺里通知吃饭的钟声敲响时，便合上书本迅即起身步入寺内膳堂与和尚共餐。开始时以普度众生为宗旨的和尚还比较热情，时间一久，热情减退，长年累月如此吃白食，和尚们便愠怒在心。为了把他逐出膳堂，密谋倒行逆施之法改先敲钟后吃饭为先吃饭后敲钟，以使饥肠辘辘的王播屡次扑空，无饭可食。出家人这种违背佛祖旨意，不肯以慈悲为怀、帮助穷书生果腹的行径，倒反而激起了王播奋发图强之决心。寒窗之下苦读数年的王播终于在贞元年间（公元785年—805年）考中进士，若干年后由于官运亨通，又晋升为淮南节度使，返回到扬州使署任职。当年小气得不让王播就餐的寺僧们一闻此讯，震惊万分，赶紧找到王播当年在寺墙上所题之诗，细心地清理尘封其上的陈年灰尘和蜘蛛网，并花钱做了一个极其高级的纱笼（相当于今日之玻璃镜框）覆于壁上，然后择日邀请王播节度使来寺视察。隆重的礼仪、恭维的言词无以复加。面对以出世为宗旨的寺庙所表现出的这种先踞后恭的入世嘴脸，王播不禁感慨系之，当场写下了一首"上堂已了各西东，惭愧梨饭后钟。二十年来尘扑面，如今始得碧纱笼"的诗。揭露了这些所谓以出世为宗旨的寺僧们前后20年之行为反差。

人生入世易，出世难，作为领导者恰恰需要两者兼而有之则更难。因为，领导者也是凡人，并非是不食人间烟火的神仙，既有七情六欲，也离不开功名利禄，而以"先天下之忧而忧，后天下之乐而乐"为己任的公共服务职能，却又要求他们"毫不利己，专门利人"地为人民服务，勤勤恳恳地工作，从而有了利益的出世之心和工作的入世之心的双重要求。而当他们面对自己的工作对象又不能以"毫不利己，专门利人"的出世之心来要求别人，不得不坚持"以人为本"的入世精神，用利益为诱导的市场经济手段来设计各项政策、制度和办法，否则便难以调动一班人的积极性。可见，在双重标准下从事领导工作并非易事，唯有登上淡泊名利、知足常乐的平台者才能大彻大悟，成为以出世之心，做好入世之事的好领导！

玖 学习能力决定领导者的成长

（一）态度决定学习效果

国家的学习能力决定国运兴衰，个人的学习能力决定一生的成长。在当今浮躁的市场经济环境中，作为领导者整日疲于奔命，穷以应付，貌似日理万机，其实多数工作内容还是周而复始，对自己内在素质提高帮助有限。如果现在不再抓紧学习，让年华如水流逝，不但对不起自己，更对不起祖国和人民。

1、要有紧迫感

世界上已定名的动物超过二百万种，而有时间观念的动物恐怕仅仅只有"人"一种而已。在蓝天白云下的大草原，由于牛羊没有时间观念，不知老之将至，不知死期不远，甩着尾巴，踏着碎步，悠然自得，乐趣无穷。

而有时间观念的"人"，则不免感叹人生的短暂而"壮怀激烈"。两千多年前的一天，孔夫子曾站在江河之畔，面对流水，无限感叹"时间"有如眼前的江水奔腾不息地流逝，曰："逝者如斯夫！"千百年来有此同感者何止亿万计，直至20世纪60年代，毛泽东畅

游长江时还情不自禁地吟诵:"子在川上曰:逝者如斯夫,不舍昼夜!"叹息时间的流逝、人生的短暂、革命事业的紧迫。

有一首叫《长歌行》的古诗更是耐人寻味,诗曰:"百川东到海,何时复西归。少壮不努力,老大徒伤悲。"前面两句讲大江东流,一去不复返的自然现象,后两句提示了时间的宝贵与自身努力的价值和意义。由此可见,一个人,不仅要努力学习,努力工作,还要有时间上的紧迫感和历史的责任感,"学习,学习,再学习",活到老,学到老,真正做到"老骥伏枥,志在千里"。

生物科学告诉我们,人的智力用进废退。一个善于学习的人,应该经常给自己出点难题,苦其心智,劳其筋骨,饿其体肤,悬梁刺股,埋头苦读一些艰深、实用而又富有哲理的书,以便向自己发起一次又一次的挑战,因为在周而复始的工作中驾轻就熟惯了,会使原本聪慧的头脑退化,原本勤劳的肢体僵死,唯有不断攀登学习高峰的人才能达到"问渠哪得清如许,为有源头活水来"的高尚境界。所以说,有紧迫感的学习不失为人生寿命的延长和效益的递增。

2、要扎实学习

有一天早晨,我起床到户外活动,有人不无震惊地告诉我,昨天晚上由于大雨如注,禅源寺前面的一株大树竟然倒掉了。我问他,这株树有多大,他打了个手势,表明树径有30—40厘米,并说至少有五六十年树龄。

我说，这不奇怪，因为凡是扎根不深的树木，其矗立于世的力度本来就不大，根系一旦遭受水流浸泡冲刷，导致山土松动，势必无力支撑树干的繁枝茂叶，其倒地也就无疑了。

对此，我们不妨由树及人，倘我们不努力学习人类浩瀚的知识，把自己的理论功底扎深扎透，那么有一天社会上竞争的暴雨倾盆而下，难保会有人由于"头重脚轻根底浅"，像禅源寺门前的那株大树一样砰然倒地呢！

3、要刻苦学习

古人说，"只要功夫深，铁杵磨成针"。一个天资最聪颖的人倘不能矢志不渝地坚持终身学习，毕生亦将会一事无成。君不见中国历代多少神童、多少状元青少年时代崭露头角后，却在历史的长河中，在茫茫的人海里默默无闻地消逝了，而罗贯中、施耐庵、吴承恩、曹雪芹、蒲松龄、吴敬梓等科场失意者却由于能持之以恒地学习，奋不顾身地钻研，终于有了《三国演义》、《水浒传》、《西游记》、《红楼梦》、《聊斋志异》、《儒林外史》等传世之作，成了名垂千古的作家。

拿当代来说，浙江有一位癌症患者，当医生告诉他"此生离终点已经不远了，金樽对月须尽欢"时，他没有像通常的患者那样悲观失望，玩味余生，而是在经历了迷茫、痛苦、消沉、醒悟四个阶段后，决心振作精神，钻研学问，竟写出了一套上百万字的理论书籍，并举行了作品研讨会，至今仍健在世间，真是令人惊讶！可见，有人说，癌症患者"病死的少，吓死的多"，很有道理。

至于20世纪最有影响的伟人马克思，更是世界上持之以恒学习的典型，他长年累月地在图书馆里写作学习，过着用面包充饥的艰苦生活，终于以毕生的精力写出了以《资本论》为代表的巨著，从而改变了世界上诸多国家亿万人民的生活轨迹。

4、要戒骄戒躁

古代有一位百发百中的射箭高手。一天他在靶场上表演，围观者甚众，连发十箭，箭箭皆中靶心，只有一箭略有偏差，中在靶心之侧，介乎九环与十环之间，射毕全场掌声雷动，赞誉不绝。此时此刻，他心花怒放，禁不住大声向周边的观众发问："诸位，老夫技艺如何？"站在他身边且相貌不扬的一位卖油郎，突然冒出了一句与众不同的评语，曰："不过如此！"这个评语恰似一盆当头冷水，使高手心里凉了半截，刹那间脸色为之一变，冷冷地说："你年纪轻轻，有何高明之处？"卖油郎不紧不慢地拿出一枚外圆内方的铜钱，放在小口油瓶之上，然后不用漏斗，仅仅用大碗舀油，缓缓倾倒而下，其油流如线，不偏不倚，恰从铜钱方孔之中心注入瓶内，直至油瓶注满竟然没有一点油沾在方孔之侧。在现场亲眼目睹之高手不免幡然醒悟，自思十箭之中尚有一箭偏离中心，倘换成倒油，岂不是有油沾在铜钱方孔之侧边了吗？于是当即向卖油郎作揖称谢，表示此后要戒骄戒躁，百倍努力练习射箭之术，以百尺竿头更上一层的精神达到精益求精之目的。

前几天到玉皇山登高活动，我和同事登临绝顶玉皇阁，俯瞰杭城十万人家，极目远眺，左湖右江，望不尽天涯之路，彼时彼刻，触景生情，不禁想起国学大师王国维先生的一段话。王先生在其所著的《人间词话》中描述，做学问须经过三种境界：一是"昨夜西风凋碧树。独上高楼，望尽天涯路"，此为第一境，喻知识浩瀚，初学阶段莫自满；二是"衣带渐宽终不悔，为伊消得人憔悴"，此为第二境，喻做学问要潜心专注，废寝忘食；三是"众里寻他千百度，蓦然回首，那人却在，灯火阑珊处"，此为第三境，喻为学者当千百度探索、钻研，一旦有所发现，其快乐无穷。此时此刻，我想这"三境"倘作为我们学理论做学问的座右铭，似乎亦有可取之处。

（二）读书是主要学习形式

人生在世，为了生存和发展，不可无欲。有人喜欢金钱，有人喜欢古董，有人喜欢地图，有人喜欢书画，有人喜欢美女，有人喜欢官位，有人喜欢养生，有人喜欢读书……皆人之常情。除养生和读书外，人类多数的欲望皆为身外之物，今日可拥有，明日会失去。唯有养生和读书所获的健康和知识为身内之物，与生命相始终。难怪一位年近八旬的老领导前几天一本正经地告诉我，他一生出入海内外，跨越大江南北，枪林弹雨，历尽艰险，可谓饱尝人间的酸甜苦辣，至今唯一刻骨铭心的体会是："健康、知识和朋友缺一不可。"因为健康是最大的财富，没有健康就没有一切，人是群居的动物，没有朋友就会变成孤家寡人，人是有思想有感情有知识的动物，没有知识就不是精神意义上的人，最多是行尸走肉，与猪狗牛羊等其它动物无异。可见，知识对于人来说极为重要，因为这是人与动物的最大区别之一。不过，人类还有比知识更重要的东西，那就是属于智慧范畴的想象力和悟性。要获得想象力和悟性离不开人生三读：一读生活（包括物质生活和精神生活），二读别人，三读自己。只有把三者都读懂了，你才会有自知之明：明白自己是什么？能做什么？怎么做？

1. 书是知识之源

就人类总体来说，知识来源于实践，如人类的祖先在实践中发现了钻木取火，并且在此基础上相继发现了火石，发明了火柴和打火机，从而使火广泛应用，成为人们生活和生产中须臾不可或缺的基本需求。倘没有火，今天我们可能还是吃着生冷食品，与野兽无异，更无法想象美好的现代生活。可见，古人在诸如此类的实践中将所获取的感性认识抽象和升华，上升到理性认识，便会成为理论，若用文字将其记载下来，也就成了人们通常所说的书本知识。

对于人类个体来说，知识并不都来源于他本人的亲身实践，更多的是来源于书本知识。如一个人要想通过亲身实践，从发现钻木取火开始，发明火柴和打火机，那简直是癞蛤蟆想吃天鹅肉——痴心妄想。因为在一无所知即零知识的基础上,就是发现钻木取火也是难以企及的科学高峰,更不用说发明火柴、打火机一类更高的科学高峰了。再如,人们要想知道世界地理单靠自己的双腿去实践,每天即使跑50公里,一生要跑遍全中国都很困难,更不用说跑遍全世界了。但是,我们只要学习书本上的地理知识,很快便会了解世界各国的地形、地貌和区位、人口等等基本情况,这就叫"秀才不出门,能知天下事"。如果我们能够进一步学习机械制造技术,那不但能设计制造打火机,还能设计制造出各类内燃机及应用内燃机的汽车、轮船和飞机等复杂的交通工具。反之,不读书,不学习,你一生要想成为发明大头针、回形针的发明家,都是异想天开。

2. 无字书与有字书一样重要

书按不同标准划分有很多种。按有无文字划分,可分为有字书和无字书。古人常说的"读万卷书,行万里路",前者指的是有字书,后者指的无字书。

有字书按学科划分可分为社会科学和自然科学两大类,其中社会科学的书又可分为文学、历史、哲学等等;自然科学的书可分为数学、物理、化学等等。作为文学又可细分为中国文学和西洋文学,现代文学和古典文学等等;作为化学又可细分为无机化学、有机化学、物理化学、分析化学等等。

按书的生命力来划分,又可分为风行一时的潮流书和长盛不衰的长效书。如前段时间风行一时的《谁动了我的奶酪》一书便是潮流书。当时,在排山倒海的广告效应下人人都欲先睹为快,唯恐没有读过此书被人视为傻帽,结果在很短的时间里全国便卖了数百万册,可至今在特价书店里连5元钱一本也无人问津。至于自然科学领域里的基础科学书籍,如数学领域里的阿基米得几何学,医学领域里的解剖学,中国古典文学领域里的《西游记》、《红楼梦》、《水浒传》、《三国演义》、《聊斋志异》都属于长盛不衰的常销书,爷爷看过的书传到孙子辈还在看,因为这些书不仅揭示了科学的真理,而且反映了一种百看不厌的传统文化。

按书对人生的作用,又可分为三类:一是常识类的书,是对人生做人做事的基本要求,例如中小学课本、保健常识、交通规则和城市地图等皆属于常识类书籍。二是谋生（业务）类书籍，一般大中专学校的教材和各行业的条例、法规、业务专著等皆属于此类书籍。三是兴趣（研究）类的书籍。它与本身的业务工作无关，纯属个人的兴趣爱好。如有位董先生爱好收藏和研究地图，与本身所从事的财政工作毫无关系，但古今中外的地图浓缩江山，凝聚历史，充满文化气息，不仅对陶冶身心，增长知识大有好处，而且对稳定社会也不无裨益，至少这些研究者不会由于思想空虚走邪路去危害社会。而且他们从地图变迁的研究中还能概括和反映出历史的沧桑，对启迪后人治理社会还会发挥重要作用。

所谓无字书多半是通过自己观察，与人口头交流和本人在实践中所获得的知识，这些知识对人的开智起着重要作用。如从来没有进过军事学校的毛泽东之所以成为军事家，很大程度上依靠了这种无字书的作用。至于很多农民企业家，开始时根本不懂工业产品的设计制造和销售，后来在不断摸索实践中增长了才干，不但成为企业的领导者，而且还成了某一方面的专家，这也离不开无字书的启示。例如浙北地区有个潘姓农民企业家没有上过学，只认识自己三个字组成的名字，如果有人将三个字拆开写他就不认识，这样的人缺憾是没有读过有字的书，但毋庸讳言，他无字的书的确比我们一般人读得好，多年来凭直觉，水平连不少满腹经纶者皆难以望其项背。读无字书除了要与读有字书一样认真以外，还必须有远比读有字书强得多的主观能动性去观察、去打听、去琢磨，才能使那些无形之书成为自己脑子里的精神财富，达到印在脑子里，融化在血液里，落实在行动上的程度。

3．读书有利于思考和思想传递

在媒体迅猛发展和消费文化多元化的时代，读书之外的选择越来越多。无论是广播、电视、互联网还是音乐、电影、网络游戏，正越来越多地占据着人们的闲暇时间。但读书让人思考和传递思想的深刻，却是其它文化方式所难以替代的。

读书让人思考。文字是抽象的符号，它要求阅读必须同时思考，否则就不能理解文字的意义。当然这种思考只是传播学意义上类似于解码的思维活动，读书带给人的还有更高层次的思索。读书最大的作用不是获得外

在知识,而是开发我们头脑中的思维与思想。除此之外,读书让人思考还得益于书籍的线性阅读方式,体验过网络阅读的人都会深有体会,网络的超文本在带来搜索便利的同时,也会使我们的思路被无尽的信息超链接一次次地打断,变成了非线性的阅读。可见,让人思考是读书的重要作用。

读书传递思想。人类的沟通和思想的传播通过视听也能进行。但较为深刻、系统的思想和细腻复杂的感情,文字仍是最好的传播方式。那么网络呢?的确,文字同样是网络信息的最主要载体形式,但是网络如同广播电视等其它媒体一样,在思想的传递方面显得力不从心。相比之下,书籍则不仅仅是主观思想的直接流露,也常常是作者智力成果的重构和主观思想的系统化、理论化,正式出版的书籍尤其是传世的理论著作以其体系性、深刻性和严谨性在传递思想这个文化使命上,不仅过去是,今后同样会继续发挥着不可替代的作用。

4. 为做人做事读书

中国人历来崇尚读书,倡导"万般皆下品,唯有读书高"。其目的有三,一是谋利,二是成名,三是做人。

宋代真宗皇帝就是提倡读书谋利的国家领导人,他写过《劝学诗》,诗云"书中自有千钟粟,书中自有黄金屋,书中自有颜如玉",教育青少年无须参加生产劳动,只要通过读书就可以获得锦衣玉食、华屋美女一类的物质利益。

古代私塾的老师提倡读书成名,不遗余力地让学生摇头晃脑、抑扬顿挫地背诵北宋两浙路鄞县凤岙乡神童汪洙所撰写的一首《神童诗》。诗中"将相本无种,男儿当自强,朝为田舍郎,暮登天子堂",充分反映了儒家崇尚读书,重视人的社会价值的思想。

历代知识分子大多认为读书是提高自身素质的需要。宋代的黄山谷是苏东坡的朋友,作为当年的名家名人,他强调"士三日不读,则其言无味,其容可憎",黄山谷提倡读书的目的是为了提高自身素质,为了做人。的确,读诸子百家一类富有哲理的书,可以使人明白做人的道理;读名人传记,可以充实和激励自己的人生;读理论著作,可以提高自身的思维能力和认识水平。总之,读书不但使人怡神,更能使人益德,思善、为善、以德作为心灵的岗哨,不断清除内心不良的欲望,使自己不越轨,不信邪,永远保持一颗火热、赤诚、思进之心。

在当前以利益为诱导的市场经济体制下,人们要生存要发展离不开物质条件,因此完全否认名利,割裂读书与名利的关系是不现实的,但仅仅为了追逐名利而读书那也太渺小了,对于想做一个有修养的人来说将是一大缺憾。难怪鲁迅在《智识即罪恶》一文中指出:"大约钱是身外之物,带不到阴间的,所以一死便成为清白鬼了……"

5. 把书读好读活

读书首先要从大处着眼。我们面对一本书,从哪里读起,怎么读?这是一个大问题。就好比遇到一个人,怎么去了解他并做出一个判断?不同的人可能会有不同的经验和说法,但最重要的还是先立乎其大者。《孟子》一书中说:"先立乎其大者,则其小者不可夺矣",这话原本是说修身的,但可以引申到读书上面来。很多人读书,小的地方看得很认真,这当然不能说不对,但如果因此忘了大的方面,就有了"逐万物而不反"的偏差。孔子读书,是很看重大处着眼的,如他说:"《诗》三百,一言以蔽之,曰:思无邪。"思无邪,就是先立了读《诗》的大者。有此境界,读《诗》才会"乐而不淫,哀而不伤"。

其次,读书要精深,因为现代社会不是农业社会,而是从工业化向信息化迈进的社会,人们的分工越来越细,对专业知识的要求越来越高,一个人不可能什么都懂,但必须有从事某个专业的精深的知识。欲做到精深,读书要四到,即眼到、口到、心到、手到。眼到就要求看得仔细、真切,而不是一目十行,浮光掠影。口到指的是有些优美的句子要反复诵读以增强记忆,这对自己动手写文章能增添文采也大有裨益。心到就是要专心致志而不是心猿意马,甚至还要作前后比较,这样读书才会有效率。记得我幼时一位邻居老先生,天天读《三国演义》,读得滚瓜烂熟,他对全书人物作比较以后就问我,书中无名无姓的人是谁,有姓无名的人是谁,有名无姓的人又是谁。答案是无名无姓的人是"督邮",有姓无名的人是"二乔",有名无姓的人是"貂蝉",可见老先生读书真正做到了心到。手到就是要求将重要文字画线做记号,甚至做读书笔记,或将重要的片断夹上书签或纸条,以便查阅,节省检索的时间。

再次,读书要博,既要学习自然科学知识,也要了解社会科学知识。处于现代社会的知识分子在精深掌握专业知识的基础上唯有博大才能触类旁通,举一反三,有所创造,有所发明。否则,就会成为孤陋寡闻的井底之蛙。现代社会非精不能成为专业人才,非博不能成为管理者。古人所谓"学富五车"就是要求人们博学。在古代由于用竹简和木简写字,其书本就十分笨重,秦代始皇帝嬴政每天要审批的公文即有１２０斤之多,"学富五车"的五车竹简(木简)则相当于掌握１０万字左右的知识。古代西方在没有发明纸以前用羊皮写字,一本《圣经》要耗用３００张羊皮才能写完。可见古人博学的条件远比我们困难。因为在古代最早是口头交流,如孔夫子时代传播知识即为口头交流;到东汉蔡伦造纸,纸张普及以后始有文字交流;待到宋代毕昇发明活字印刷,文字交流才逐渐普及;到２０世纪下半叶,人类社会又进入了声像交流时代。应该说,现在我们博学的条件已非古人可比,信息几乎随处可得,就看你有没有读书之心了。

第四,读书要融会贯通,不能读死书,更不能把书读死。世界上万事万物都是普遍联系的,书也不例外。如有人看了食品中含有致癌物质的书籍和文章以后十分害怕,什么食物都不敢吃,只怕中毒致癌,而他不知道也有书本揭示了人体自身具有相当程度的抗药性和"道高一丈，魔高一尺"的免疫力，并非某项指标超标都会致癌。还有人看到飞机失事的报道不敢乘飞机，看到某些杀人、抢劫的报道不敢出门，殊不知这些失事及刑事案件是几万分之一的概率，并非就会在他的身上发生。也就是说，兼听则明，偏听则暗，只看一方面的书，没有看其他方面的书，就会导致一个人的思维走向极端。可见，如果我们把书本知识互相孤立起来，那就会陷入"人生识字糊涂始"的泥潭而难以自拔，甚至会成为王国维第二，由于想不开而跳湖自杀了。总而言之，读书要做到博大精深、融会贯通才会有所成就。

第五，读书要讲究效率。尽管古人说"开卷有益"，但毕竟书海茫茫，而人生精力又十分有限，在博大精深、融会贯通的读书目标下，务须讲求读书之成效。

首先，对所读之书应作选择。要集中精力读那些必读书，诸如人生必读书、职业必读书和求知必读书，有时间再读那些可读书，然后再去浏览慎读书，对那些不堪入目之庸俗低级读物知之即可，万不可为之浪费精力，这样才能提高有限人生的读书效率。

其次，要提高单位时间的读书效率。时下，用相当于化学上称为"蒸馏"的方法来读书，也不失为提高成效的好方法。其方法犹如酿酒过程中，以低度粗制品为对象，通过蒸馏提高其酒精度那样，对书籍内涵进行一次又一次的剥离，提炼总结其思想言论的精髓，促使其回复到事物本质的高度。这种不断提取书籍精华的读书方法能给人以深刻的印象和无穷的教益，让人领悟生命的真谛。如果说超越是升华，是突变，那么通过"蒸馏"法读书必能超越自我，以至超越时空架起的天然屏障。

6. 随时都是读书好时光

有人说，我现在工作很忙，没有时间读书，等我空下来以后，再抽时间补读；也有人说，我现在家庭住房面积很小，没有书房，待有了书房以后再说；更有人说，我现在出差很多，大多数时间都在舟车劳顿之中，没有读书的环境，待以后出差少了再读书也不迟。这些说法听起来似乎都有一定道理，实际上却是画饼充饥。

殊不知人生短暂，如白驹过隙，百年岁月，来去匆匆，倘不抓紧每一分钟用来读书学习，永远不会有整块的时间美好的环境供你从容不迫地读书，要知道比尔·盖茨9岁时，就读完了所有的百科全书。如果你年轻时以工作忙为借口，把读书学习寄希望于退休之后，以为那时你有充裕的时间读书，可那时也许你早就身体不济、老眼昏花读不了多少书了。

因此我们要时时刻刻抓紧读书，如厕之时、舟车之中也要抓紧读书才能锻炼自己的读书意志，使自己的一生在浩瀚的书海中占有一席之地。否则就会成为古代打油诗所描述的那种"春天不是读书天，夏日炎炎正好眠，秋多蚊虫冬多雪，收拾书包待明年"的一事无成者。

亚洲富翁孙正义在23岁时得了肝病，整整住了两年医院。在这期间，他读了四千本书，平均一天读五本。读完四千本书后，他根据自己的心得体会，写出了40种行业的发展计划，通过反复比较，他终于明白了自己多年百思不得其解的困惑——要成为世界首富，就必须从事最新兴、最具发展潜力的行业。一俟病愈出院，他就以坚定的信念决定进军电脑行业，并从四千本书中总结出一套与众不同的创业方案，从而实现了一次又一次的自我挑战和超越，走上了首富之路。

7. 读书之乐乐无穷

少年时，当教师的父母曾给我看过不少古人劝学的故事书，如"孟母三迁"、"凿壁偷光"、"囊萤映雪"、"悬梁刺股"等等。其中对"悬梁刺股"的故事我一直心存疑虑。因为，我认为读书是一种精神需要，与吃饭、喝茶、睡觉一样是一件乐事，它不但能综观历史神交古人，与秦始皇孔夫子沟通，还能旁通百科游历世界，了解不同国家民族的特点。倘能著述你还能与数辈乃至数十辈的后代交谈，其乐无比。正如古人在《四时读书乐》一书中"读书之乐乐如何，绿满阶前草不除"所说的那样，人们端坐寒窗喜爱读书已经到了忘身于外的程度，不知阶前长满了青草。因此，当时我脑海里经常冒出一个念头，那个"悬梁刺股"的读书人，肯定不是一个读书爱好者，而是一个被迫学习的青少年。因为，凡是发自内心的自觉学习者用不着去头悬梁，锥刺股，以形式主义的方式给人树典型，当榜样。我曾推测此人悬梁刺股恐怕还是父母、塾师强迫的结果。成人后我还看到过国外一篇介绍读书能治病的文章，文章说西方某国的药店，常将诗歌等文学作品制成卡片装进盒子，作为药品出售，专治某些与情绪障碍有关的疾病，由此可见读书的作用极其广泛。

诚如人们所知，读书之乐在于内心之乐，读书之苦，则在于人身之苦。如寒冬腊月夜读的熬夜之苦，手脚麻木、躯体冻馁，所以古人常将书生书桌前的窗格设计成冰裂纹，称为"寒窗"，人们所说的"十年寒窗苦"，泛指蚊叮、虫咬、炎热、寒冷、挨饿一类的皮肉之苦，并非仅仅指寒冷之苦，如果从这一层含义上来说，"悬梁刺股"还有其合理的一面。当然，读书倘是仅仅为了文凭为了名利，那也是痛苦的，尤其是为了获得文凭读那些自己并没多少兴趣的专业书时，其痛苦不仅有皮肉的外在之苦，更多的恐怕是内心之苦了。那些读了书花了钱拿了文凭又当不上官的更是苦上加苦，悔不该当初者更是揪心之苦。这与当年居里夫人将荣获的金质奖章给小女儿当玩具，让她从小就懂得荣誉也是一种玩具的崇高境界相比，真是天壤之别。

读书使人快乐。读书带来的快乐是任何文化娱乐方式都不可替代的。读书之乐，乐在"发现"，发现一个跳跃的思想，发现一句神来的笔墨；读书之乐，乐在"闲然"，闲然往来于古今之间，闲然横亘在智慧之巅；读书之乐，乐在"苦中作乐"，虽然读书有时不免伴随着像苦役犯一样的沉重与辛劳，但也正因为此才更突显其中快乐的珍贵。

| 8．心静才能读书 |

读书要心静，汉代大学者董仲舒曾有读书"三年不窥园"之说，要求

认真读书者做到三年里连花园之美都不看一眼。董仲舒的这一具体要求，在现代人看来似乎有点过分，但他强调心静才能读书的精神则是千真万确的。如今，人们羡慕比尔·盖茨，却不愿意像比他那样去创造自己的事业，而只想跟他一样有钱；同样，人们钦佩陈景润，也并非是要像他那样做学问，而只是想跟他一样有学问。这样的心态，怎么能使人静下心来看书？

现代人都很忙碌，不仅是身忙，而且是心忙。身忙总有闲下来的时候，表现为浮躁的心忙则很难静得下来。哪怕你是完全出于功利的目的读书，读的时候也要有"静心"，不能老把功利放在心头。就是一本专门论述做生意的书，读的人若非静心专注于它讲的道理，总是想着某一笔生意如果成功了能赚多少钱，然后怎么花这笔钱，甚至想到以后怎样做富人，那肯定是读不好这本书的。

要静下心来读书，既有语文问题，也有知识问题，前者涉及阅读的文字顺畅，后者涉及内容的透彻理解，但最重要的还是心态问题。任何人只要有下决心学习的心态，语文和知识的不足可以在阅读中克服，效率和兴趣也会在阅读中渐次提高。因为，好的心态去读书，他的阅读一定是用力的，带来的则是心力和智力的愉悦和本人水平能力的提高。例如，上海一位出色的多媒体设计师，便是静下心来读书，最后学有所成的典型。这位30多岁的胡姓年轻人，仅具中专学历，出身厨师，从未上过正规大学，为了实现自己探索多媒体世界的理想，甘坐冷板凳，静下心来阅读和实践几十本有关电脑三维设计、数字视频编辑出版等专业书籍。最后，苍天不负有心人，刚过而立之年他就脱颖而出，成了一家著名多媒体公司的总经理兼艺术总监，并且在不太长的时间里，就创造性地完成了数十个大型多媒体技术项目，成了行业里名列前茅的佼佼者。

9. 将书读进人生

如果说中国的文化是儒、佛、道三足鼎立，那么人的素质便是才、学、识三者的有机组合。才是才能，学是学问，识是见识。才能与天赋有关，学问与后天的勤奋有关，见识与悟性相联系，是才能与学问的综合反映。

一个有才能的人如果不读书就不会有学问，也就不会"腹有诗书气自华"，而那些才能不那么突出的人只要能够努力学习，刻苦地读无字书和有字书，日积月累，他也会"问渠哪得清如许，为有源头活水来"，成为一个有造诣的学者。一个人能将才能与学问高度融会贯通，那他的见识一定会大为长进，离把书读进人生的目标也就不远了。

例如，你面对变幻莫测的人生读《周易》，读后能够跳出"命运"的"窠臼"，理解其"阴中有阳，阳中有阴，互藏其宅"的"交易"之理和"阴极而阳，阳极而阴，互为其根"的"变易"之理，那么你就能从阴阳互易的关系中，重新肯定生命的价值和人的尊严，使心灵更加丰盈和坚实，尤其是能够使一个曾经陷入种种痛苦、失败、分离与落寞者重新汲取营养，激励自强，发出生命的光辉！又如，你读《孙子兵法》能够理解到它不仅是兵书，也是为人处世之书，尤其是通过理解其中的非战思想，知道战争的最高境界是"不战而屈人之兵"，运用在人际关系的处理上则要体现为减少"以眼还眼，以牙还牙"的对峙，运用温和的手段解决相互之间的矛盾。达到这样境界的读书，才称得上将书真正读进了自己的人生。

当然，如果你能动手写作，且有文采，那么"读书明理"不仅仅限于你自身，而是凭借文字的流传，会激励更多的后来人，其无量功德将昭千古！

孔子有言："朝闻道，夕死可矣。"这虽是久远的绝响，但也痛快淋漓地道出了读书的乐趣、读书超越的真谛。书，不是五彩斑斓却可望而不可及的海市蜃楼，而是在茫茫戈壁滩迷失方向后抬头望见的北斗星。人生有来自于个人遭遇的经验价值，也有出自个人独创的创造价值，还有面临困境的态度价值，在这三种价值中，境界最高的价值首推——态度价值，而其中明白最为重要。如一个人罹患绝症时所作出的反应就属于典型的态度价值，因为它体现了明白比高智慧更重要的真理。在世界上，一个人能明白自己拥有什么，明白自己能做什么，比什么都重要，所以说，有书相伴，把书真正读进人生的人，是一个真正的明白人。他拥有文化积累，懂得尊重自己不苟且，懂得尊重别人不霸道，懂得尊重自然不掠夺。这样的人也绝不会把过敏多疑当作英明睿智，把刚愎自用当作当机立断，把轻率苛刻当作干纲独断，把反复无常当作随机应变，把轻举妄动当作机智敏捷！他只要坚定不移地沿着把书读进人生的道路走下去，必能"骐骥一跃"，无论是艳阳高照，还是凄风苦雨。

10. 不为炫耀藏书

读书人要有藏书，好比工厂生产产品需要原材料一样，是必不可少的库存。但藏书的目的有三种，一种是为自己阅读的需要，另一种为供他人借阅的需要，还有一种是炫耀的需要。

宁波的"天一阁"是明代兵部侍郎（相当于今国防部副部长）范钦创立的著名私人藏书楼，他藏书的目的主要是为了供他人借阅，在现代公共图书馆业高度发达的今天，这种私人藏书楼已经没有存在的必要了。因此家庭藏书便只有两种需要，一种是供自己阅读，另一种是向人炫耀。领导者如果不是那种缺少文化底蕴的富商，就没有必要为了附庸风雅不惜辟出巨室购买各种书籍装点门面，以掩盖本身文化底蕴的不足。我们可以花费较少的钱购买一些有用的工具书和常用书置于案头藏于书架，至于那些偶尔用到的书籍大可不必收藏，完全可以通过图书馆借阅和上网来解决。在现代社会家庭藏书是必要的，但藏书更多的不应该是藏在室内的书柜里，而应该通过阅读和融会贯通转化为知识藏在脑子里，让书为人增长知识服务，而不是让人成为书的奴隶。因此凡购入之书都应大体浏览一遍，哪怕是极其粗略地看一看，做到心中有数，而不是将其束之高阁，炫耀于人，声称本人藏书有多少多少册，而读过的书却少之又少，难以启齿奉告于人。一般人藏书不仅受居室面积的限制，还有防蛀、晒书、编码等不时之劳，不如少藏实物之书多读社会之书藏之脑海，既无须防蛀也无须防盗，

其安全性无与伦比，需要时又可随时调用，效率之高速度之快绝非任何计算机可比。

（三）交流交友也是学习

社会因为人及其相互之间的联系而存在，因而人与人、单位与单位、人与单位之间都会发生千丝万缕的联系，任何人、任何单位都不能也不应该把自己封闭起来。如果一个注重细节，又极端追求完美的人把自己完全封闭起来，往往由于达不到目的而懊丧不已，严重的甚至会走向反面，不惜以自杀来解脱。

两千多年前，孔子曾经说过："三人行，必有我师"。这句话不仅指出了个人知识的局限性，也强调了向他人学习和交流、交友的重要性。交流、交友要广泛，也要慎重。广泛有利于扩大知识面，便于举一反三；审慎在于不同类型的交流、交友对一个人会产生不同的影响，诚如古人所说的那样："近墨者黑，近朱者赤"，因此交流、交友不可不慎。

对领导者来说，与下属交朋友主要是便于了解基层情况，熟悉社情、民情，发现群众的创造精神；与比你高明的人交朋友，在于增长知识，启迪智慧。尤其是与那些阅历丰富、知识渊博、理论功底深厚的大师级人物交朋友，更为重要。他们的眼界、视野、分析问题的角度十分独特，与纯粹的领导者不一样，如果在交往过程中他的思想能与你的见解相互交融碰撞，产生思想火花，不仅有助于启迪你的智慧，还能产生新思路、新创造，乃至新思想。

（四）终身快乐学习

传统社会进步缓慢，学习以知识掌握为核心，以知识记忆量为评价标准。知识爆炸的现代社会，人们所面对、所接触的各种事物瞬息万变，内容庞杂，太多太滥，以至于无法依靠简单的掌握和记忆来适应，必须运用智慧来统率，于是学习不得不随之改变为以人为本，以启迪心智为目标。

时至今日，人的一生也不再分为学习阶段、工作阶段、退休阶段，学习成了人从生到死的生存方式，也就是说，凡是能够提升人的精神境界的东西都成了人们为解决未来各种问题而学习的有价值内容，这一学习活动不管是正式的还是非正式的,是正规的还是非正规的,都将自始至终地贯穿着人生的全过程。

自然,人因年龄不一、视野不同、处境各异,读书学习的感受、体悟也不尽一致,不仅有个体之间的差别,更有不同年龄段的差异,但终身学习的快乐却永远伴随着人的一生。清人张潮在《幽梦影》中生动地指出:"少年读书如隙中望月,中年读书如庭中望月,老年读书如台上玩月,皆因阅历的浅深所得的浅深耳。"应了明代思想家吕坤"进德修业在少年,道明德立在中年,义精仁熟在晚年"的体悟,揭示了读书让人识其真谛、晓其三味、实现超越的必然趋势。

正因为人生是一条奔腾不息的河流,它不会停留在一个地方,也不会停止在某一阶段,它需要不断通过读书学习实现超越。因此,读书学习是一个正常人的天性,是生命趣味盎然的源泉,是超越的必经之路。对个人而言,学习犹如探珍采宝,既具有现实的功利价值,更具有开阔视野、丰富阅历、展现本质力量的理想价值,不愧是人生一大乐趣。

长辈笑着目睹婴儿哭着出生,晚辈哭着送走瞑目老人安祥而去。世界上,每个人都是为了追求美好、享受生活来到人间,长则享寿百年,短则数十年,无论贫富皆一律公平。作为领导者也不例外,所不同的是领导者个人承担的社会责任比普通人更大一些罢了。

追求幸福是领导者的人生目标

（一）人生是个过程

1. 人生是一个过程，其意义在于丰富多彩

人的一生是一部历史，都有一个"从无到有，从个体到群体；再从群体到个体，从有到无"的过程。即一个人从无生命到有生命，从与社会并不相关的个体通过上学、工作走向群体；然后届时退出工作岗位，从群体中的一员由于退休重新成为个体，并且最终都会以并不完全相同的年龄走向各自的人生终点。有人之所以退休后难以适应，就是由于对从群体走向个体的必然过程缺乏思想准备所致。至于有人害怕死亡，同样是对人生必然从有到无的过程缺乏深刻认识的缘故。

如果把人生比作一篇文章，那么一天是一个标点符号，一个月是一个句子，一年才是一个相对完整的段落。人们常说："平安过日子，回家去过年"。这就意味着人生是一个过程，过程就是一切，目的并不重要，重点是在"过"字上做文章。如果旅游是双程人生，人生则是倒不回去的单程旅游。它没有训练和彩排，每一刻都是现场直播，把握好每一次演出，便是最好的珍惜，努力使自己生命的每一刻都能分外精彩。

无论什么人，从出生到离开人间都要以不同的形式走完全程，并且终有一天要被晚辈送进"天下第一殿"，化为一缕青烟，乘鹤西去，直上九霄云外，其起点和终点几乎毫无二致，所不同的仅仅是过程而已。因此，作为过程的人生，其意义在于旅途如何游览更多的景点，过得更加丰富多彩，而不是在同类的景点，从小看到大！即使从政者一辈子奋斗从村长、乡长、镇长、县长当到市长退休，也只不过相当于从单调的同类行政小景点看到大景点而已，谈不上角色转换的丰富多彩。

2． 只能追求过程，不能追求结果

人与人之间，不仅存在着天赋上比动物与动物之间大得多的差别，更存在着机遇上的巨大差别。个人应当通过自己的努力奋斗，争取改变命运；但也要做好万一主客观条件不具备，即使你再努力，命运也不可能发生根本性变化的思想准备 。

一位担任大学研究生院院长的方姓物理学家在出国去南非考察途中对我说，当他还是一个中学生的时候，一个绝顶聪明且极其勤奋的同班同学告诉他，要努力学习，毕业后我们一起报考北大、清华，进军哥本哈根，争取成为有成就的物理学家。不幸的是1962年高中毕业前夕，这位同学在例行高考体检中发现患有肺结核病，按规定不能参考，直到1964年上半年康复后才体检合格允许参加考试。由于从1963年开始当局者对1962年唯分数的招生方针实行纠偏，恢复凡家庭出身不好的学生，一般不能进高校学习的做法，受父亲曾任国民党省参议员的历史问题牵连，他在1964、1965年两年高考中都被所谓家庭有严重政治问题不宜录取的理由排斥在外。而学业成绩不如他的方先生却在1962年一举高中，顺利地进入综合大学物理系本科学习，"文革"后恢复高考时又顺利考取研究生，并获得出国读博进军哥本哈根的机会，而那位天赋和勤奋都远远超过他的同学，却始终得不到深造的机会，为了生计只好从事普通的商业工作，迷失在茫茫的人海之中。

早在19世纪80年代初，当时叫白水岭的南非约翰内斯堡还是非洲内陆地区名不见经传的小乡村，一个在南非旅游的澳大利亚青年乔治·哈密尔顿路过这里，在荒山野岭中百无聊赖地漫步时，突然被路旁的一块大石头绊了一跤，当他爬起来细看这块可恨的石头时，惊讶得不敢相信，竟然是块金矿石！经过初步调查发现这种石头在这里不止一处，于是他给当地政府写了一份申请报告，取得了在约翰内斯堡地区金矿开采的特许权。

也许，哈密尔顿想急于回去，便匆匆忙忙地以10个英镑（以黄金价格计相当于今400多英镑的价值）的代价把特许权卖给了一个叫克劳斯的欧洲青年，有极高商业天赋和经验的克劳斯在取得特许权后，进一步调查发现弧形矿脉长达240公里，极有开采价值。于是他从1886年开始组建了克劳斯公司，1898年产量即达到12吨，超过美国居世界第一。近几十年来年产量一直维持在600—800吨，相当于世界黄金产量的六成，成了全球最大的金矿，迄今已生产黄金5万吨，占人类历史上生产黄金总量11.2万吨的2/5强，为海拔高达1700米的内陆高原城市——约翰内斯堡在百年间迅速崛起打下了坚实的基础。

3． 快乐是人生的硬道理

为了寻求快乐人们来到人间，为了获得更多的快乐才组成了人类社会。对以人为本的现代社会而言，发展是硬道理；对每个个人而言，"快乐是硬道理"。而痛苦则是快乐的反衬，没有痛苦的历练就没有快乐的产生，这就是人们常说"痛快"的原因所在！

由心而生的快乐，既是物质的更是精神的，快乐不在于他得到的多，而是在于他计较的少。越会计较的人越痛苦，越不计较的人越容易获得快乐，有些人即使获得的好处不多，他也会很快乐，甚至吃了亏他也不泄气，因为他能够与吃更大的亏相比，感到无比幸运，这就是人们常说的"知足常乐"。而那些精于计较者，总是感觉自己生不逢时，怀才不遇，生活在一个上苍不公，无法让人满意的世界里，名利与自己无份，富贵与自己无缘，要想得到的东西不是失之交臂一无所获，便是七折八扣不

能尽如人意。而且即使得到很多他也不快乐，因为他始终与比他得到更多的人相比较，他会永远感到吃亏，快乐不起来，成了人们不屑一顾的"欲壑难填"者。

4. 人生是寻觅和发现快乐的过程

正因为人们希望自己的生活充满快乐，也就有了发现快乐的愿望。但由于快乐往往是一个很少的缝隙，它存在于诸多不快乐与不快乐之间，很难发现，因此要找到这样少之又小的缝隙就要有一颗善于发现快乐的心灵。例如，一个拄着拐杖走路的人要与坐轮椅的人相比较，他就能发现借助拐杖用自己双腿走路的快乐；而一个坐着轮椅的人与躺在床上的人相比较，他也能找到自己借助轮椅外出的快乐；甚至一个躺在床上的人，只要能与离开人世的人相比较也同样能找到活在人间的快乐。可见，快乐就在你的身边，在你的心灵里，只不过你没有发现罢了。

有些人之所以老是找不到快乐，就因为他不懂得快乐就在自己的心灵里，误以为快乐在远方，骑着马找马，马跑得越快越找不到。如果说，每个人都是为了寻求快乐才降生人间的，那么人的一生也就是寻觅快乐和发现快乐的过程。

5. 快乐不能一步到位

快乐是一种在付出过程中实现的回报，付出越多、实现的回报越大，快乐感也就越强烈。母亲十月怀胎，艰辛备至，当小宝宝呱呱坠地时，她的内心洋溢着无以言表的快乐。随着父母长辈辛勤付出的不断增加，宝宝慢慢腾腾的爬行、颤颤巍巍的坐起、跟跟跄跄的迈步、咿咿呀呀的学语，无不给人们带来由衷的快乐。由此可见，人生的快乐犹如一串珍珠，每走一步，每实现一个目标，都会获得一颗珠子，享受到程度不同的快乐。一位医生曾对我说：上小学时，她就想当医生，后来高中毕业，顺利考上医学院，内心世界充满着快乐；但时间久了快乐感渐渐平淡；后来，考上研究生，又快乐了一阵子；进医学院附属医院工作后先做住院医生，后来不断晋升，从主治医生、副教授，到教授，再到院士，每一次艰苦努力的回报，都会带来新的快乐。

快乐又是一种在比较中实现的感受，相比较的级次越多，感受到的快乐越多。我们住的房子，开始只有30平方米，后来调换到50平方米、90平方米，一直到120平方米，面积逐步扩大、条件不断改善，每一次都会得到快乐。如果一步到位，一开始就住200平方米，那最多只得到一次快乐。皇帝的嫡长子，生下来就是太子，即使日后接班当皇帝，也感受不到太多的快乐，而且对凌晨早朝（相当于现代的办公会议）更是厌烦，明代有一位皇帝竟然二十多年不上朝；倘若一个农民的儿子，哪怕当上一个微不足道的乡官，他都会很快乐、很珍惜，想着为官一任，造福一方，千方百计出政绩，梦想从县官、府官、省官步步高升。

可见，快乐像闪电，很耀眼，但又时过境迁难以储藏；快乐是珍珠，很可贵，但却需要在持续付出的过程中一颗颗地得到。所以，快乐需要不断"刷新"，不可能一步到位。如果人生要一步到位，那就极其可怕了：从妇幼保健院出生的婴儿，一步到位送进殡仪馆，不但什么快乐都没有，还会带来无比的悲伤。

6. 为别人创造快乐，才能使自己更快乐

生命的意义不仅要让自己得到快乐，更主要的是为别人创造快乐，从而使自己更快乐。多克是一位充满快乐的人，第二次世界大战期间，他作为一名志愿者为了改变野战医院常常因重伤员去世而形成气氛悲切的局面，灵机一动便在墙上写下了一句话："没有人会在这里死去！"以此激励伤员战胜伤痛，驱走心中的阴云。顿时，这句并不豪壮的标语引起了人们的注意，医院里的伤员、医生、护士，都朗读并记住了这句话。为了不让这句话落空，医护人员精心医治伤员，伤员们则坚强地配合医生治疗。由于这句话，给伤员、医护人员都带来了好心情，使大家充满了战胜死神的信心，伤员们一个个康复出院，重返战场，取得了意想不到的效果。

二战结束后，多克当上了一名邮差，他坚信自己除了给人们投递邮件之外，还能向人们传递快乐。因此，他总是带着很多纸条，上面写着因人而异的激励话，诸如："别烦恼，今天是个不错的日子！""要笑口常开！"等等。他所到之处，都给人们带去快乐。

多克不是领导者，更不是表演艺术家，也不是作家，他的行动看上去

似乎还有点傻，但他却尽力而为做了领导者、表演艺术家、作家也不一定做得到的事：创造和传递快乐。我们不妨像多克那样在自己保持快乐的基础上想方设法把快乐传递给别人。学会养成礼貌待人的文明习惯，使用文明语言，助人为乐。有时，一个微笑，一声"您好！"，一次让座，都会给人带去快乐；牵盲人过马路，帮人提提行李，为人指路，都会给人带去快乐。创造和传递快乐，是一种难能可贵的爱心。善于创造和传递快乐的人才能使自己更快乐。

7．爱是快乐的源泉

对人或事物有深厚而真挚的感情称为爱，它与思维一样是人区别于动物的特质。哲学家说，爱是一种特殊材料制成的催化剂，它使人才思敏捷，心态豁达；文学家说，爱是一首激动人心的抒情诗，让人心潮澎湃，豪情万丈；医学家说，爱是一剂千古难觅的心理良药，令人忧愁不再，青春常在；教育家说，爱是一种无与伦比的教化手段，使人学业精进，品德高尚。有首歌叫《爱的奉献》，歌中唱道："爱是人类最美好的语言，爱是正大无私的奉献"。可见，爱是人世间最美好的东西，它是人生进步的动力，快乐的源泉。

世界上既有不少先被人所爱而激发起爱人之心，获得快乐的故事，也有很多先爱别人而被人们所爱，从而乐在其中的事例。尤其是后者，层出不穷，令人感动。前些年，东部发达地区有一机关招收清洁工，开始当地居民无人报名，过了好几天才有一位面目清秀、口齿伶俐的中年妇女来报名。办公室主任就让她试工，结果表现得十分出色，令人刮目相看，于是很快就签了两年的合同。这个颇有气质的中年妇女不仅早晨上班来得早，工作认真细致，卫生也打扫得特别干净，而且还自己掏钱买了洗衣机、电熨斗，给单位员工免费洗烫衣服，受到单位上下的一致好评。为了表达感激之情，不少员工主动把家里好吃好用的东西送给她。虽然她每次都乐呵呵地收了下来，但不久她都会无一例外地回赠给他们更好更昂贵的礼物。对于月工资只有几百元钱的清洁工来说，这种得不偿失的举动，真是令人匪夷所思。后来人们才发现，这位清洁工原来是开着宝马车上下班的民营企业家的妻子。她的女儿考上大学去了外地，一份挚烈的母爱之心突然无以释放。为了重新获得母亲与儿女之间那种爱与被爱的情感生活，她前来应聘，在为他人服务中奉献爱心，同时也获得被爱的快乐。

　　一位久负盛名的表演艺术家说，她的快乐来自舞台，来自她所挚爱的观众。当她站在舞台上，淋漓尽致地展现自己的才艺，博得雷鸣般掌声的时候，她就感受到爱、感受到快乐。而一位著名思想家说，他的快乐来自于他所爱的三尺讲台，来自于他所热爱的听众，来自于答问瞬间相互关注、得到启迪的心灵感应。可见，物质上的富裕无法解除一个人内心世界的空虚，精神上的才艺高超和思维上的无与伦比也同样无法克服一个人情感生活的孤寂。唯有爱——在关切、付出和分享当中——才使得生命完整，人类灵性的光芒才得以晶莹绽放。

　　爱，由心而生。它既是人脑在化学物质多巴胺作用下生成的动因，更是一种通过主动行为而得到的快乐的情感体验。世界上的爱通常有三类：爱自己、爱他人、爱大家。西方国家崇尚个人主义，他们所谓的"爱"是突出爱自己；由儒、释、道组成的中国传统文化崇尚集体主义，强调"仁者爱人"，突出爱他人；马克思主义倡导"只有解放全人类，才能最后解放自己"的"爱"，是突出爱大家。爱自己，就是保障人权，以人为本；爱他人，就是乐于奉献，实现和谐；爱大家，就是维护公共利益，科学发展。所以，只要我们能有效地把爱自己、爱他人、爱大家的"三爱"结合起来，以人为本、科学发展的和谐社会离我们就不会太远了。

（二）欲望要适可而止

1. 人不可没有欲望，但要适可而止

　　人不可没有欲望，因为失去欲望就不会有追求，人类就不可能进步。倘我们的祖先当年没有丝毫欲望，我们至今还是一种手脚不分的脊柱动物，天天四脚落地行走在山野之间，风餐露宿于草丛之中，实现不了手脚分离站立起来的伟大理想，更不可能成为居住有华屋，出入有舟车，昂首挺胸，目光远大的衣冠望族。可见人之所以能从二百多万种动物中脱颖而出，乃源于先祖们成人之美的欲望。诚如人们所知，合理的欲望就是理想，

而手脚分离、直立行走还只是人类有别于其它动物的初始欲望。随着人们借助工具实现了手的延长以后，才真正与禽兽相揖别，开始实践钻木取火、烹饪饮食、种植养殖的新欲望。此后随着一个又一个新欲望的实现，人们终于从当年一切取之于天然的动物不断进步，相继走进了农耕时代、工业化时代和信息化时代，成了傲视环宇的"万物之灵长"。

　　因此，千百年来凡有作为的统治者为了推动社会经济的发展和各项事业的进步，就必然鼓励社会成员不断构思出梦幻和欲望，并为之奋斗以至献身，中国的儒家思想就是这种欲望的鼓动者。自汉武帝废黜百家、独尊儒术以来，它以"将相本无种，男儿当自强。朝为田舍郎，暮登天子堂"来鼓励青少年"修身、齐家、治国、平天下"，为实现自身的社会价值而奋斗，即使死也要死得重于泰山，而不能轻于鸿毛。对于一个人来说，纵然有种种机遇比较多地实现了个人欲望，但由于人生在世有做不完的玫瑰色美梦，一欲既终他欲随至，如秦始皇实现了并吞六国的旧欲，又有了长生不死的新欲。因此，一个人在短暂的生命历程中实现的欲望，不但不会很多，而且还常常受制于偶然的机遇。如孙中山先生致力国民革命凡四十年，终因病而长叹"革命尚未成功，同志仍须努力"，依依不舍地撒手而去。君不见名震宇内、气吞六合的秦始皇和中国民主革命的先行者孙中山先生，尚且有诸多无法实现的欲求，不具备超群能力，况且无天时、地利、人和优势的普通黎民百姓难以实现的欲望更是不可胜数，以至古代文士写了一首打油诗："终日奔波只为饥，方才一饱便思衣。衣食两般皆俱足，又思娇容美貌妻。娶得美妻生下子，恨无田地少根基。买得田园多广阔，出入无船少马骑。槽头扣了骡和马，叹无官职被人欺。县丞主簿还嫌小，又要朝中挂紫衣。做了皇帝求仙术，更想登天跨鹤飞。若要世人心里足，除是南柯一梦西"，来刻画贪得无厌的人欲。可以毫不夸张地说，一个人能实现的欲望有万分之一就很了不起了，实现不了自己梦寐以求的欲望，就会产生欲而不得的急躁，这种急躁不断积累便会产生痛苦。如著名国学大师、浙江海宁籍的王国维先生早在上世纪初欲留住前清的旧文化而不得，内心痛苦不已，难以自拔，以至于纵身跳进昆明湖，了此残生，以一死求得痛苦的解脱，换来一顶文化遗民的桂冠。

　　由此可见，一个人的欲望不能太多，欲望超过可能的尺度，就会带来无谓的痛苦,如从政为宦者又想当大官,又想求大利,以至贪贿违法而身陷囹圄,被处极刑,即是太多的欲望带来痛苦的典型。就这一点来说,佛教教诫其信徒"欲望就是痛苦"乃一矢中的的真谛。既然一个人不能无欲,又不能欲望太多,这就带来了欲望的尺度问题,在尺度内的欲望是能够实现的欲望,在尺度以外的欲望则是无法实现的梦幻。如要想学习,要想劳动,人人得而为之,但要想成为艺术家、体育明星,则70%靠天赋,30%靠机遇;要想当官,则70%靠机遇,30%靠才能。你倘无天赋再勤奋也成不了明星,倘无机会再德才兼备,也只能望洋兴叹,千里马老死于马厩之中。如20世纪20年代,即使初中文化程度者入黄埔军校学习,不到半年即能毕业入伍,到抗战时不少人都已成为高级将领。而到南京国民政府时期,即使高中毕业入学四年的陆军大学毕业生也只能充当中级军官,很少有人进入高级将领的行列,足见当官机遇之重要。因此,人们要摆脱由于"人心不足蛇吞象"的欲求不得而带来的焦躁和痛苦,保持快乐的心态,就必须知己知彼,严格控制欲望的尺度。这就带来一个知足的问题,因为只有知足才能常乐。而常乐不像知足一样是一种尺度,它完全是一种感觉,这种感觉有不同的境界,如陶渊明的知足常乐就是"采菊东篱下,悠然见南山",当今西部贫困地区的农民知足常乐则是温饱生活,东部地区是小康生活。

可见,只要能力不超越欲望我们一定会常乐,知足常乐比起"无欲"的禁锢,多了一层人情味,比起一无所有的自得与佯狂,返回了世俗的理性。它既不由于常乐而毁于安乐,也不因为知足而拒绝奋斗,这样的人生在不知足的奋斗中绝对地追求,在自得其乐的知足中相对满足,使得人们在自我释放和自我克制中间,砌筑了一座合理的心理平台。在世俗"见好就收"的意义上,它既有丰富的人生成果,又规避了未知的风险,如此书写人生的人,虽谈不上叱咤风云,却能使我们的平凡生活过得有滋有味,延年益寿,岂不乐哉!

2. 钱是人生的一部分,人生绝不是钱的一部分

钱之所以重要,是因为它是幸福的物质基础,但我们不能把钱作为唯一

的目标，因为有钱并不等于幸福，钱更不等于人生的唯一财富。有人为了赚钱，竟然被钱所赚，被钱赚走了自己最宝贵的人格和健康，甚至被钱赚走了年轻的生命。

人生真正的财富是健康。健康由生理健康和心理健康两部分组成，前者是物质，后者是精神，两者缺一不可。从超越动物的层面来说，精神比物质显得更重要。如果健康是"1"，那么财富是"0"，只有"1"的存在，后面的"0"才有意义，构成10、100、1000、10000，直至无穷的财富。人一旦失去健康，相当于变"1"为"0"，后面最多的"0"也没有意义了，因为最多的财富无缘于你了。可见，健康是人生的最大财富！它意味着一个人要想知道自己是否富有，就看看当他失去金钱后还有什么剩下来？

3. 人生没有受不了的罪，只有享不了的福

人可以在极其艰苦的条件下，甚至在牛马不如的条件下顽强地生存。但往往有些人一旦时来运转，飞黄腾达之时，便会忘乎所以，目无法纪，以至于陷入贪赃枉法之泥潭。

一位在1957年反右斗争中被划为极右派的知识分子，不仅被开除公职，而且被送到青海监狱里劳动改造。在苍茫荒凉的高原上，他什么活都

干过，什么罪都受过，受罚、受冻、饥饿、被打是家常便饭，他曾不止一次地想一死了之，但一想到要等到为自己讨回清白的那一天，便咬咬牙坚持了下来。

二十年的蹉跎岁月，虽艰苦备尝，屈辱尽至，但以人的意志战胜了非人的生活，终于等到了平反昭雪的那一天，顺利地回到了富饶的江南水乡。不久，上级不仅给他送来了平反通知书，还恢复了他一生喜爱的教职，这更使他喜不自禁。此时此刻，犹如从地狱升上天堂的他，兴奋之情，激动之心，难以言表，无数个皓月当空之夜，他端坐门庭，思绪万千，度过了不眠之夜。

由于长期过度兴奋，心力衰竭，在他到一所著名学校报到上班的那一天，他终于坚持不住了，在刚把新钥匙插进宿舍钥匙孔的一刹那，突然心肌梗塞，倒地不醒，人们当即发现把他送往医院急救，结果还是"命归赤土千思断，魄入黄泉万事休"，不治身亡。真是受得了"罪"，享不了"福"啊！

同样，一位在"文革"中惨遭迫害的"臭老九"，在粉碎"四人帮"后结束了"劳动改造"返回原单位，重新安排了工作，并且在提拔"四化"干部的浪潮中，担任了重要领导职务，进入了人生的巅峰。

此时他感激涕零，不仅日以继夜地勤奋工作，廉洁自律亦为人楷模。后来，随着社会的转型，民营企业的迅猛发展，社会上出现了一批文化不高，却能一掷千金的富裕阶层。相比之下，他猛回首不觉自惭形秽，有了少钱的痛苦，每次静夜深思，都免不了感叹自己付出的多，得到的少。

为了挽回经济损失，他开始敛财。起先他受传统思想束缚，胆子小，胃口也不大，非法获得的钱财也不多。后来发现有人比他干得狠，敛财数量也比他大，并且通过逢年过节向上级送财礼的手段，获得了不断高升，高升后又能贪污更多的钱，这是多好的良性循环啊。悟性极高的他，好像哥伦布发现新大陆，很快便心领神会，操作自如了。那段时光，他真是人生得意马蹄疾，钱财盈罐，官运亨通，得意忘形，其乐无比。但是世界上没有不透风的墙，终于有一天东窗事发，先"双规"后判刑，身陷囹圄，一生奋斗顷刻付之东流。每逢朋友探监，失去自由的他总会泪流满面，说："早知今日，何必当初，后悔不已！"

由此可见,"祸不单行,福不双至"。人世间"没有受不了的罪,只有享不了的福"。

(三)不要迷失自己

1. 人贵有自知之明

人生有三种价值:一是来自于个人遭遇的经验价值;二是出自个人独创的创造价值;三是面临困境作出反应的态度价值。

在这三种价值中,境界最高的价值首推态度价值,而其中明白最为重要,是态度价值的核心。例如,一个人罹患绝症时所作出的反应就属于典型的态度价值,因为它体现了明白比高智慧更重要的真理。在世界上,一个人能明白自己拥有什么,明白自己能做什么,比什么都重要!

2. 别让自己迷失在细节中

大至国家,小至家庭,原则方针一经确定,细节处理将决定成败。反过来,忽略从大处着眼,过分在意细节者亦会使自己迷失于其中,带来烦恼和损失。

蓄有长须铺垂及腹的著名老画家张大千先生,活了半个多世纪也没有因为长须带来烦恼。有一天,一位好生奇怪的人突然问他,老先生你晚上睡觉时胡子是放在被子里面,还是放在被子外面?由于他平时对胡须安放一事从不在意,一时语塞,只好承诺说,待我晚上睡觉时弄清楚了再告诉你。

及至当晚就寝,他对平常熟视无睹的胡子极为关注,起先将胡子放在被子上好像不舒服,后来放在被子里面也不自然,折腾了整整一个晚上连觉都没有睡好,反反复复还是解决不了胡子的安放问题。结果到第二天精神萎靡不振,什么画都画不成了。这种人为地在自己的思想上加压引起的心累使老画家明白了人生对一些不涉及原则性的细节问题要顺其自然,切不可太在意,倘过分在意了便会使自己迷失在不必要的细节中,以至失去了大方向。

其实,人生在世细节颇多,尤其在具有集体主义文化传统的中国更是

"人言可畏"。作为领导者，如果你在意的话，工作单位的难题、上级的批评、同事间的摩擦、下级的欲望、家庭的不一致、邻里的评头品足都会引起你的烦恼。所谓烦恼，实际上就是你内心世界的矛盾，表现为自己与自己过不去的思想斗争。如果你能穿透它，就会举重若轻，不为烦恼所累；否则，拿人家的错误和言论来惩罚自己，弄得自己与自己过不去，你岂不是成了自己的敌人。

3. 领导者是最容易迷失自我的人群

人们习惯将皇帝的坐椅称为宝座，将领导者的职位称为交椅。在官本位意识极其浓厚的中国，不少人把当领导作为自己人生的唯一目标，而不是把自己喜欢做、有特长、也适合做的事作为人生追求。因此，在前呼后拥中往往忘乎所以，在吹牛拍马中如醉如痴，在领导的光环下迷失自我，真以为领导宝座会伴随一生。殊不知，无论是宝座或是交椅皆身外之物。所谓一官半职仅仅是连一行字都不到的任免公文而已，只要上级动议，弹指之间，便可决定去留。此时，若市门庭将立即变为冷落的车马稀。所以，无论标志着官职的所谓"宝座"、"交椅"，与餐厅的"餐椅"、茶馆的"茶椅"、会议的"会椅"无异，皆为过程而已。一旦餐完、茶毕、会散，统统身椅分离，各自归位不能带走，能带走的仅仅是自己数十公斤的血肉之躯罢了！

由此可见，人生不能光靠椅子，更多的时日需要本身的自立能力，生存于世，流动于途，这种自立能力就是人生的德性、知识和能力。若肚子空空仅靠溜须拍马、攀龙附凤谋得一官半职，在位子上尚可蒙混，一旦身椅分离，自己又无生存能力，面对势利无比的红尘俗世真是难以为生！正如孔子所说："不患无位，患所以立。"不怕你没有取得一定的地位，重要的是你拿什么去自立。人来到这个世界，就是立的过程。一个自立的人，是一个独立意义的生命，他不能脱离世界的秩序，但却可以以自己独立的意义作用这秩序，在与秩序的作用中，创造新的生命，在茫茫的天涯路上铸造良好形象。

4．有心有物才富贵

富贵，是中国人千百年来梦寐以求的崇高理想，合法、合理追求富贵也是合乎人性的正当要求。但何为富贵？并不是每个人都明白。在市场经济条件下，每个人都需要生存的物质财富，因此追求人民生活宽裕是当前中国社会发展的基本目标。但是，一个人只拥有"物"的金钱财富，没有"心"的精神世界那就不是健全的人，因为人与动物的最大区别是人有思想，人除了拥有物的世界外，还拥有动物所不具备的心的世界。

尤其在物欲横流的今天，无数人沉浸在物的世界里，为追求财富不惜废寝忘食，甚至不惜以生命搏取金钱，认为有了钱就有了富贵，因为有钱可以用来购买名誉，甚至能活动到一官半职，于是就有了贵。殊不知拥有金钱仅仅只是"富"，花钱买地位、买名誉也仅仅是富的延伸。

贵是人内在的一种修养，学问、艺术、道德无一不是修养，无一不是真善美三种价值的体现。可见，只有那些具备了高尚精神世界的人才称得上"贵"。所以，作为现代人在追求物质财富的同时，千万不可忘掉陶冶自身的情操，只有这样才能成为有心有物的富贵者。

（四）有放弃、有准备才有效益

1．人生不能埋怨生活

人，不管经历多大的艰难困苦都不要埋怨生活。因为生活本身就是一种经历，哪怕是极其痛苦的经历也不失为宝贵的财富。一个人一生最值得回忆和骄傲的往往不是波澜不惊的生活，而是从痛苦煎熬中的九死一生。战士值得回忆的是火线上的生死瞬间，探险家和登山运动员值得回忆的是千钧一发之际，革命者值得回忆的是牢狱里的铁窗烈火……可见人生不能埋怨生活，因为生活就是经历，它对我们来说永远是得到的多，失去的少。

2．放弃也是效益

雕塑艺术家在创作泥塑作品时，不断将泥巴往上添，做的是加法；创作雕塑作品时，不断将材料往下切割，做的是减法。可见，对雕塑艺术家来说，有加有减才是艺术，人生作为一种自我经营过程亦有相似之处，一生中有加有减才能感受生活艺术之美。

其实，用经济学的成本与收益来衡量人的一生，除了要主动地取得收益外，更多的是需要主动放弃。例如，动手能力不强的一位华裔物理学家 1943 年赴美留学时，立志要写一篇实验物理论文。然而在实验室工作的期间，他经常操作失当，甚至不时发生爆炸，工作进行得非常不顺利，以至于当时实验室里流传着这样一句笑话，哪里有爆炸，哪里就有他。此时密切关注着他的美国教授泰勒博士便直率地建议他放弃写实验论文的目标，而改写理论论文。他经过痛苦的思想斗争后，接受了泰勒的忠告，放弃了原有目标专攻理论物理。1957 年 10 月他和另一位华裔科学家联手摘取了当年的诺贝尔物理奖。这是弃己之短，扬己之长，最后取得成功的范例。

浙江有一位著名的汪姓民营企业家，在上世纪 80 年代曾被上级指定承包自己担任技术工作的集体所有制企业,签合同时他并不很情愿,结果在年底结算时发现按合同个人可得奖金200多万元。按当时的物价这是一笔数量不菲的巨款!在当时人们的思想并不太开放的形势下,若按合同履行,个人一下子拿这么多钱会失去职工的人心,如放弃会获得今后长期的个人威信。在两难之中的他,最后选择放弃,决定将款项给每位职工定购一套西装。由于有了这一放弃,使他奠定了90年代把企业改制为民营的基础,才成为今天拥有亿万资产的名人。

由此可见,人生要使自己每天的生活都充满阳光,实现收益大于成本的真快乐,办法之一就是舍得花费机会成本,懂得放弃!

3. 才能为机遇所准备

江南三大名楼之一的滕王阁建于高宗永徽四年(公元653年),系唐高祖李渊的二十二子、唐太宗李世民之弟、滕王李元婴都督洪州(即南昌)时所建的饮宴歌舞厅,阁以其封号命名,故有滕王阁之称。当时的滕王阁高30米,共3层,东西长28.7米,南北宽15米,还有两亭,南为"压江",北为"挹翠",是中国历史上建设最早、规模最大的省会酒吧歌舞厅。其闻名于世倒并非是酒吧和歌舞,而是才子王勃的一篇千古名文。

唐高宗咸亨二年即公元671年的重阳节前夕,洪州都督阎伯屿为了使女婿吴子章名扬天下,发布笔会布告,宣称农历九月初九重阳登高之日在滕王阁举行现场命题笔会,为了确保吴子章临场获胜,他不惜事先把笔会的命题《滕王阁序》泄露给女婿,让他事先作好充分准备,以便临场默写一举夺魁。但说来凑巧,也正好在重阳节那天上午南下探望父亲的诗人王勃路过此处,当时他忙于赶路,饥饿难忍,见布告上说参加笔会者除文章被选中有物质奖励外,还可免费就餐,一举两得的待遇,使他大为振奋。于是他当即报名,席间宣布命题后他便挥毫疾书,写下了《滕王阁序》,其文辞气势力挫群芳,被公认为第一。

可见,人要出名首先要依靠自身所拥有的才华,想通过作弊夺魁不但是痴心妄想,弄不好还适得其反,贻笑大方。当然才子要出名也要有机会,阎都督的笔会的确给王勃提供了一个施展才华的舞台,没有阎都督也许就不会有王勃的《滕王阁序》,也没有使王勃名扬九州的千古名篇了。

　　王勃的《滕王阁序》，是历代骈体文中最优秀的名篇，它既描绘了洪州形胜，也表达了作者怀才不遇的感慨，以及希望有所作为的心情。全文结构严谨，对仗工整，用典极其自然贴切；词藻华丽精致，神采飞扬，顾盼生辉；视角宽广，意境深远宏大。把一般思想上升到哲学的高度，把对自然景观和人文景观的审美上升到对人自身的写照。它在滕王阁及周围自然形胜的博大文化空间里，寄托了人类最深远最宽广的理想与追求。后人引用频率极高的"物华天宝"、"人杰地灵"等古语均出自这篇文章。其中"落霞与孤鹜齐飞，秋水共长天一色"已成为千古名句，这是诗人登上滕王阁，面对眼前无比瑰丽的景色所发出的由衷之叹！

　　同样，从来没有登临湖南岳阳楼的范仲淹，也由于任岳阳太守的朋友滕子京给他提供了撰写《岳阳楼记》的机会，才使他久积于胸的才华得以发挥，在遥远的河南邓州衙门写出了"先天下之忧而忧，后天下之乐而乐"的千古名句，使一座并不出名的岳阳楼成了中国江南三大名楼之一。

　　趋利避害是人的天性，只有勇于挺身、直面艰险、不畏坎坷、善于抓住机会者才能取得成功。这也许就是"危机"一词词义——"没有危险，就没有机遇"内涵的延伸。由于人与人的差别比动物大，再加上机遇不同，不同个体之间的差别就更大了。就才能与机遇来说，大致上艺术家、体育运动员70%靠才能，30%靠机遇；为官宦者70%靠机遇，30%靠才能；企业家则50%靠才能，50%靠机遇。因为机遇像流水，只有以才能预做准备，才能随时随地抓住稍纵即逝的机遇。

对于当官者来说,你当了官不等于你就拥有超群的才能,与你相仿或比你更有才能者大有人在,只不过你比他们更有机遇罢了。同样,当不上官的人也不要自惭形秽,也许不是你的才能不够,而是你缺少机会。总而言之,尽管成事在天,毕竟谋事在人,才能要为机遇早做准备。

4. 心态是无形的文化

心态是无形的文化,有什么的心态其背后必然有什么色彩的文化。我认识一位年逾七旬的老者,年轻时毕业于外语学院,六十岁时患小脑萎缩疾病,发病不到半年便成了双腿不能行走、且丧失基本感觉的残疾人。

面对突如其来的打击,开始极其沮丧,甚至到了绝望的地步。后来,通过与人交谈和学习人生哲理之书,明白了人的出生、疾病和离世都是无法选择的,对人生来说过程就是一切,目的并不重要。与其难以改变现状的沮丧,只会带来更多的痛苦,不如坚强面对,学习接纳失去的事实,让自己的生命充满亮丽的光彩,不再为过去掉泪,在克服困难的人生过程中体验残疾人生的苦乐。

有了这样的心态,付之行动,深入体验,并在不断的反复中感悟。终于使他的人生走上了新征途,有了新乐趣,思想有了新升华。十多年过去了,展现在人们面前的是一个乐观而有为的学者。

他对我说,由于自己的心态好,尽管十五年来时时痛感行动不便,却无意中产生了六大有利,获得了六个收获。首先是有利于做学问。由于做学问需要"板凳要坐十年冷"的执着,常人很难有如此耐心,而双腿残疾的他却由于生理的因素,不得不常常一坐就是很长时间,而且比生理正常者更肯悉心钻研,因为他自知不钻研就没有饭吃,终于使他不觉间成了租赁业的专家。其次是久病成良医。由于到处就医,做手术,在痛苦的煎熬中,懂得了无数的医学知识,竟成了这种疾病的业余专家。再次,比常人更多地感受到人间的温暖。由于外出皆仰仗于轮椅,受到沿途男女老少无微不至的帮助和关心,常常被感动得热泪盈眶,而常人绝无此种可能。第四,理解了残疾人事业的重要性。正常人对盲道,对哑语,对触摸装置会不了解,而他不仅会专注,还会从灵魂深处加以理解,并广为传播,为这一弱势群体张目，争取应有的权利。第五，成了后代学习的楷模。由于在艰难中战胜自己，以坚强的毅力与命运抗争，感动了子女，使他们从心底里尊敬父亲，还会把他的精神作为教育第三代的榜样。第六，掌握了使用轮椅的技能。他可以用轮椅登高爬山，过桥穿市，这是一般人所难以企及的技能。

5. 随时随地准备死，千方百计争取活

人生在世，如白驹过隙，多则百年，通常数十年，少则数年，以至于数天、数小时，乃至几分钟，与亿万年的悠远宇宙相比，无非是忽然而已。人，不仅正常生命短暂，而且我们常常会遇到意想不到的生离死别，突遇灾祸，随时随地都有可能使生命之星顿时陨落，命归黄泉。例如，刚与出行者握过手，不久就听到了因遭遇严重交通事故而死亡的消息，令人想不通的是手中暖感尚在，而人生却阴阳两隔了；雨夜居住在山麓的人们刚进入梦乡，突然如注暴雨引发泥石流，成千上万吨的巨石、泥土将全体居民顿时埋葬，人们还来不及明白是怎么回事的时候，宝贵的生命便烟消云散了；一向自以为身强力壮者，去做例行体检，竟然是癌症后期，不查不知道，一查吓一跳，结果短短几个月时间便魂归赤土千思断，魄入黄泉万事休，呜呼哀哉了；更惨的是有人心情愉快地入睡，下半夜突然发出无奈之声，待察觉时已经心肌梗塞而猝死了；也有好好在家享受天伦之乐的专家教授，竟然遇上了入室偷盗的窃贼，由于反抗，被身强力壮的年轻窃贼用刀劈死，血流如注，令人万分惋惜，不免痛心疾首；一向仕途通达，官运亨通者，由于贪贿之心顿起，不数年便上了断头台，连性命都保不住，金钱又有何用呢？天有不测风云，人有旦夕祸福，无论什么人随时随地都有死亡的可能。当你有感觉的时候，你还活着；当你没有感觉的时候，你就不再存在了。所以，每一个人都要有随时随地死去的思想准备，才能直面人生，不以死惧，不以亡悲，坦然处之。正如香港回教坟场在大门两侧书写的"今日我先去，明日君再来"的对联中，所表达出来的那种通达。

随时随地准备死，不仅是人与世界关系的客观存在，也是主观世界对客观世界的正确反映，是人生视死如归的一种大无畏精神。不过人生在世也不能一味消极地听天由命，在人力能够挽回之时，一定要有积极的人生

态度，树立千方百计争取活的思想。例如：在病魔缠身，以至于进入膏肓之际，也绝不能轻言放弃；在灾难降临之时，首先要咬紧牙关，想尽一切办法延长自身存活期，以等待救助；在面临逆境之时，要千方百计坚持下去，绝不能因绝望而轻生。总之，要在随时随地准备死的同时，千方百计争取活！因为生命是宝贵的，尽管它早晚都会结束，但它的意义在于过程，在于人们对于其中酸甜苦辣的感受和体悟，延长其中的过程，品尝其中的美妙，这才是人的真谛！

（五）主动、认真和坚持是成功的三部曲

1. 主动选择，创造精彩人生

诚如人们所知，父母是人生的第一位老师，兴趣则是最好的老师。在人的一生中，主动选择要比被动选择更容易创造精彩人生，因为，主动选择的岗位往往是一个人有兴趣、有天赋、有特长、会有持久积极性的岗位。

我认识一位极有经营天赋且喜独当一面的高校教师，由于五十岁以前，不能自主选择工作，他只能被动地被上级统一分配，担任过学院办公室主任、教学科长一类既做不了主，还要任人指挥、替人作嫁衣裳的工作。

由于缺乏兴趣，又不想寄人篱下，他根本没有积极性，结果哪一样工作都没有干好，头痛的领导只好拍拍脑袋不断地让他转岗，弄得大家都很尴尬。后来，学院实行人事制度改革，采用自己报名、竞争上岗办法确定岗位，他就主动选择谁都不看好的继续教育中心当主任，结果几年下来，原先名不经传的学院继教中心一改旧观，成了全校发展最快、影响最大、学员最多的中心，在全国都有很大影响。今天，在人们跌碎眼镜，对他刮目相看，赞叹不已之时，其本人亦快乐不已，常常以主动选择才能创造精彩人生为主题，向朋友们畅谈自己的人生感悟！

2. 真诚和认真是成事之道

人生最美好的感觉，就是感动。要使人感动，就要有一种精神，而这种精神就是常人难以做到的真诚和认真。无论是大事还是小事，只要做到了这一点就会让人感动。

科学家认真作研究才会有创造发明，文学家认真深入生活才会产生传世之作，就是当今弱势群体维护自身权益也离不开"认真"二字。重庆一位周姓农民为给妻子打医疗官司，8 年来，贫穷的他上百次到重庆和周边区县的书店悄悄抄医书，熟读 78 本医书和 20 多本法律书籍，记笔记近十万字。他还自己写出一份"医疗事故鉴定报告"，这份报告让司法部的专家也惊呆了，不相信这出自一个农民之手。他长达 8 年的认真钻研和坚持不懈的努力终于打赢了官司。由此可见，任何工作要有所成就都离不开"真诚"和"认真"的态度。

3. 坚持到底，不要使人生成为一堆碎片

在两军对峙的战斗中、在体育比赛时，人们常常用坚持到底就是胜利的口号来激励参战者，其实在现实生活中坚持到底十分不易，除了要有毅力还得有眼光。浙江义乌有一对夫妻从 1994 年开始做人们喝饮料用的吸管。起初是租两间民房，买来两台机器，两个人没日没夜地做，一天几百公斤，做得手指头根根发痛。刚做了三年赚到一点钱，1997 年金融危机爆发，塑料原材料大幅涨价，原有的四十多家吸管厂多数改行，只剩下三四家。其妻担心亏损下去提出改行，而丈夫则坚持认为吸管是易耗品，需求量大，只要能坚持下去熬过难关一定有钱赚。倒还真让他熬过来了，今天他是"世界冠军"、吸管第一的大王，联合另外两家公司，产量占全球 1/4，不仅掌握了部分议价能力，而且将每根只能卖 8 厘到 8.5 厘元人民币的吸管的利润率提升至百分之二十。他的公司现有员工 400 余人，厂房占地约 12000 平方米，60 条生产线，他们生产的饮用吸管成为同行业国内唯一知名品牌，并于 2000 年 12 月通过 ISO9001 质量体系认证和欧洲食品安全 TUV 认证，成为一家每月盈利 40 万元的现代化"小"企业。

每个人都应该找到一条自己人生的前进道路，不要轻易改变，否则美好的人生会成为一堆碎片。毛泽东著作"老三篇"中的三篇文章就分别强调了主动、认真、坚持的重要性。第一篇《为人民服务》一文说的是中央警卫团的战士张思德主动去烧炭，最后为人民而死，死得重于泰山；第二篇《纪念白求恩》，强调具有高度国际主义精神的加拿大医生白求恩，不仅主动投身中国抗日战争，而且对工作精益求精的认真态度值得人们学

习；第三篇《愚公移山》，强调为了改善交通，愚公挖山不止，最后搬掉了挡在他家门口的王屋山，取得了最后的胜利。

（六）好奇求新，适应环境

1. 好奇求新，保持心理年轻

"岁月催人老"，人的生理衰老是谁也抗拒不了的客观规律，但心理衰老却是可以抗争的。君不见，幼稚者对人世间万物万事都怀有极大的兴趣，都想动手，都想探索。最典型的是五六岁的小朋友他们不但喜欢玩手机，而且特别喜欢找出手机中的游戏设置来玩。由于他们具有探索精神，不但无须大人点拨，很快就能掌握不同种类手机内置游戏的规则，而且玩得十分娴熟和开心。

不少上了年纪或有身份者恰恰相反，他们由于人生经历丰富或有一定社会地位，认为什么世面都见过，不但对新事物缺乏兴趣，而且对年轻人的各种似乎有点幼稚的游戏和活动常常不屑一顾，甚至对融入现代社会的基本技能也不想抽空去学习，从而造成不会用手机发短信，不会用计算机发邮件，也不知道"PK"、"VS"一类的新名词，把自己阻隔于日新月异的现代社会之外，从而造成了心理的自我衰老。

可见，一个人心理的年轻与衰老并不完全取决于年龄的大小，更多的因素取决于一个人对事物好奇求新的态度，凡对新事物抱有兴趣，且会以极大的好奇心加以探究者必定是心理年轻的保持者。对短暂的人生而言，保持心理年轻的重要性不亚于对自身身体的保养，甚至心理年轻要比生理年轻重要得多。

2. 改变性格，改变命运

凡喜垂钓者皆知，若钓上性格急躁之鱼，离水不久便在不断跳跃中死去；而钓上的是性格沉稳之鱼，略跳数次便偃旗息鼓，在宁静中保存实力，不但当时不死，甚至数天以后还能存活。急躁者多为在水面浮游之鱼，沉稳者则多是生活在江河湖泊底部之鱼，甚至是成日在污泥中钻营的泥鳅。由此可见，水生动物的性格与命运有极大关系。

鱼类如此，人类也不例外。只不过人类具有鱼类所不具备的思想，所以性格决定命运的涵盖面会更大一些。除了沉稳的正面例子以外，反面的例子不但有急躁，还有骄傲、多疑、恼怒、感情用事、事必躬亲、心胸狭窄等等心理弱点致死的事例。我们以三国部分著名人物之死为例即可知其大概。例如关羽熟读兵书，武艺高强，却死于骄傲，在蜀汉军事集团里除了刘备、诸葛亮、张飞、赵云尚在他眼中，其余之人，连老将黄忠他也瞧不起，在集团之外，他更视若无人。当年孙权有意与关羽结好共破曹操，派诸葛瑾向关羽求亲，关羽勃然大怒："我虎女宁肯嫁犬子！不看你弟（指诸葛亮）面，立斩你首。"将诸葛瑾逐出。关羽的傲慢激怒了孙权，决计联合曹操共取荆州，关羽最后败走麦城，为孙权所害。蜀主刘备则死于感情用事。他为了替结拜兄弟关羽报仇不惜以70万大军贸然出击，因不懂军事被陆逊火烧连营700里，大败而逃，病死在白帝城。张飞则死于暴躁。关羽走麦城死后，刘备准备统率大军伐吴，深知张飞暴躁的刘备行前特意叮嘱张飞："我素知你酒后暴怒鞭打士兵，此取祸之道，今后务宜宽容，不能和以前一样。"张飞却本性难改，回到帐中下令三日之内置办白旗白甲，三军挂孝伐吴。第二天部将范疆、张达向张飞请示宽限几天。张飞却大怒，把两将缚在树上，各鞭打五十，打得二人满口出血。鞭毕，以手指之曰："来日俱要完备！若违了限，即杀你两人示众！"两人趁张飞酒醉沉睡之机，杀死了张飞。庞统一向追逐名利，最后死于斤斤计较。他为了与诸葛亮一争高低，妄加疑忌。当诸葛亮写信提醒他谨慎用兵时，他却认为诸葛亮是不让他成就取西川的大功，结果轻率用兵，在落凤坡阵亡。诸葛亮是一位智者，但有着事必躬亲，不肯大胆放手部下的弱点，因此军旅劳顿，积劳成疾，54岁便撒手西去。

在曹魏军事集团中，多疑是曹操突出的心理弱点，他不但轻率杀掉忠心练兵的水军都督蔡瑁、张允，而且还杀掉了为他治病的名医华佗，导致头痛病发作无人医治而死。当时曹操杀死华佗的理由只是由于华佗坚持要曹操接受手术治疗（即先饮麻沸汤再用利斧砍开脑袋，取出风涎的治疗方法）以及称赞关羽刮骨疗毒面不改色的英雄气概而引起他的疑虑而已。魏国司徒王朗在两军阵前被诸葛亮百般嘲弄，万般挖苦，无地自容时，急火攻心，当场大叫一声落马而死，乃是心理素质不足，容易恼怒所致。

对孙吴军事集团中的大将周瑜，诸葛亮深知其有着妒忌心强烈，心胸狭窄的致命弱点，便动脑筋使之"三气"，最后将周瑜活活气死，可怜周郎临死前还大叫"既生瑜，何生亮"。

由此可见，一个人要了解自己的心理弱点，时时警醒，保持自知之明十分不易。古往今来，多少英雄人物在位卑职下时尚能保持清醒头脑，而一旦位极人臣，鞍上马下被人前呼后拥阿谀奉承之言不绝于耳时，就容易忘乎所以，甚至为所欲为，以至于在思想与行动上不但避免不了心理弱点，而且还将其无限放大，导致那些闯过大风大浪的历史人物，却在小河沟中翻了船，走上了多舛的命运之途。反之，历史上能够从教训中平复浮躁保持沉稳性格并且取得成功的大人物亦有典型。最著名的要算春秋时期在位长达43年之久被孔子称道为"正而不谲"，孟子讴歌为"五霸桓公为盛"的齐桓公。他于公元前685年接位之初也曾有过血气方刚的短暂冲动，企图依靠武力一举确立齐国的霸主地位，汲汲于"欲诛大国之无道者"。可是，他的热情之火很快便让长勺之战齐军惨败所浇灭。在那场决战中，他一向引为自豪的强大齐军居然让曹刿率领的鲁国军队杀得丢盔弃甲。自此以后，齐桓公重新恢复了沉稳的心态，改急取冒进为稳重待机，变单凭武力为文武并举，正是这种稳重的性格，使他在迁邢、存卫、救助周室等事件中都取得了投入少收益大的效果，尤其是在邢国、卫国遭受戎狄的攻击时，他答应出兵驰援，却不立即行动，而静观待变，当局势明朗，邢、卫两国已被戎狄攻破时，他才出兵，这样齐军既未遭受损失，又获得抗击戎狄拯救危难的美名。正反两方面的例子无不说明性格与命运之间的辩证关系："性格决定命运，改变性格才能改变命运"的深刻道理。

3. 改变心态，适应环境

沙漠里的胡杨树自下而上有三种不同表面积的树叶。这是为了适应环境，随着生存条件的改变而产生的。胡杨树在幼小时，由于根系不发达，为减少水分消耗，叶子不得不长成蒸发量较少的长窄形，随着岁月的推移，根系的扩大，再相继长成面积逐步增大的菱形和椭圆形，从而形成了一棵树从下至上，叶子有三种不同形状，并且表面积不断增大的奇妙现象。而且胡杨树一生还能做到活着千年不死，死而千年不枯，枯而千年不朽的"三千"。

　　人类与胡杨相似，亦在不断地适应环境。例如，有一女士，其夫是一个单位的领导。20世纪90年代分房时，他第一个挑选，选了一个朝东的四楼，不仅楼层最优，而且东面视野所及正好是一条景色秀丽的小河。这位女士入住后，欣喜之心难以言状，逢人便夸自己的住房好。

　　过了若干年，城市为了解决交通拥堵，在其房子的东面建造了一条高达10米的立交桥，不但原先风景优美的小河看不见了，而且将安静的环境污染成24小时噪声不断的交通要道。这位女士为此气愤万分，逢人便诉说其痛苦，时间一长人们同情之心也不再如开始时那么强烈，女士也感到再倾诉下去便会成为鲁迅笔下的祥林嫂，于是在先生的劝导下，她开始改弦易辙，以适应环境。

　　因为，她慢慢认识到，要么搬家，迁居到安静的小区；要么让自己的心态去适应环境。由于亲戚朋友都在附近居住，买新房又要一大笔钱，她不能迁居也不想迁居，于是，她不得不选择了改变自己心态的办法。通过心态的逐渐调整，她对来往的车辆不再反感，而是作为一个个生动的画面来欣赏；烦躁的车辆噪声也慢慢演变成一曲曲雄壮的城市交响乐，她终于通过调整心态，让自己走上了适应环境之路。时至今日，她如果听不到这样的声音，看不到这样的景象，反而难以入睡了。

4．学会简单

　　人在世界上二百多万种的动物群体中，是最聪明也是最复杂的动物。在千百万年的进化过程中，人逐步从简单到复杂，创造了其它动物所不可

能有的文化。但人类所特有的文化,并不标志着我们把一切都复杂化。仓颉在创造汉字的时候就特意把"人"字造得最简单,一撇一捺,仅仅只有两个笔画而已,形象地指引人们把复杂人生简单化。但作为有思想、有欲望的人并不是人人都能自觉理解和遵循仓颉先生所提倡的简单行事原则,把自己的工作干得条分缕析,家务料理得干脆利索,人际关系处理得正常和谐,什么功名利禄都当作身外之物,随遇而安,等闲视之,而是把自己的人生搞得很复杂。

君不见,有人每天都想得好处,出风头,时时刻刻风风火火,既应付工作,又周旋交际;既忙家务,又广交朋友;不但要随时奉承领导,求得青睐,还要落到实处,谋求个人名利;甚至为了一己之升迁,不惜寻觅他人之问题,挖空心思举报揭发,把简单的人生搞得十分复杂,以至于身心皆疲,惶惶不可终日。

更有奉金钱为神者,不惜将自己变成钱的一部分,常常把人生渺小的衣食住行需求不断加温孵化成巨大的欲望。美味佳肴,声色犬马,豪宅名车,新潮时装,古董文物,无所不欲,甚至价值连城的艺术珍品都成了他不可或缺的需要,难填的欲壑简直想吞下整个世界。弱水三千,通常仅饮一瓢足矣的简单人生,因此变得无比复杂了。

犹如世界上能把复杂问题简单化者为大师,把简单问题复杂化者为专家那样,一个人能把复杂人生简单化和简单人生复杂化都不失为本事。但鉴于人的能力和精力都有限,执意要获得人间的一切好处,占尽人间的一切乐趣,势必要耗费自身的极大体力和精力,有时为了得到某种好处不得不违心地伪装自己,低三下四地做一些令人不愉快的事;甚至为了在竞争中胜出,还要处心积虑地冒着缺德风险去算计别人,做人处事时时刻刻都似枷锁在身,对仅仅是一个过程的人生而言,活得既苦又累,又有什么实质意义呢?

因此,在生活节奏加快、人心浮躁的当今社会,作为一个领导者,我们要提倡简单生活,让自己不但活得光明磊落,轻松自如,还有必要把减轻心理压力,提高人生效率作为一种生活艺术来提倡,真正做到"站在高处,发上等愿;坐在平处,结中等缘;望着远处,享下等福",把志存高远、沟通上下和放眼未来立足当前三者紧紧地结合在一起!

5. 要另有谋生之术

古人说：人生大舞台，舞台小人生。当官仅仅是人生旅途中的一个过程，只相当于演出某种角色而已，与戏剧演员一样，上台时就要有下台的准备。不能上台时兴高采烈，一旦下台便无所适从。尤其是免职卸任后，不但心理上要有从绚烂到平淡的思想准备，能够承受得了失落，还要怀有一技之长的谋生本领。因为退下来后，如果社会太平尚有养老金可资度日，一旦社会不安定，其生活都难以得到保证。更重要的是因为没有其他谋生之术，势必为生计所困，难以坚守公平正义的为官之道。因此，古代有个新科进士，拜见视为恩师的考官时，考官没问别的，只问他除了当官外有无其它谋生之术，这让新科进士心里甚为不悦，以为考官嫌他不堪其任。考官得知后，颇有感慨地说，我是怕他除了当官，就没有养活自己的本领，以至于时时刻刻考虑自身利益，难以做到为官清正廉明，辜负了百姓的殷切期望。

在现代，退休官员即使生活无虞，但由于有些人长期从政，没有其他专长与爱好，又不甘寂寞，念念不忘重操从政旧业，以至于继续以"宝贵财富"自居，不在其位仍想谋其政，为了"发挥余热"，不惜一本正经地走南闯北，到处视察指导，发表言论，打击异己，自称某某之父，撰写所谓直言录，抨击时弊，教训别人，引得当政者心烦，又何苦呢？

（七）攀登人生境界高峰

1. 善于与自己和谐相处

人生在世，总不免被世俗的喧嚣所骚扰，也不免厌倦为了名利所进行的勾心斗角。于是，渴望能避开世俗的繁华，避开红尘的喧嚣，让自己的心灵得以宁静，也就是说，自己与自己和谐相处。

与自己和谐相处，可以不受时间、地域以及空间的限制。既可以在烈日当空下闭目暝想，也可以在如豆孤灯旁静坐参禅；既可以置身于熙攘繁华的闹市中左顾右盼，也可以在鸟声啾啾的幽林中陶冶心灵；既可以在急速行进中回味生活，当然也可以在闭目养神中享受清闲。

与自己和谐相处是一种状态，只要心中有自己，面对自己的那份心灵，你就是在和自己相处、和自己对话。古人为了修炼自己的宁静之心，常常特意到人声鼎沸的城门洞中，繁华闹市之地捧读诗书，摒弃杂念且读得津津有味，体现了与自己和谐相处的崇高境界。

　　与自己和谐相处不是一种孤独。孤独只是人的一种无助的感觉，恰如汪洋大海中的一叶小舟，找不到共鸣、觅不到知音。而与自己和谐相处却是生活的一种艺术，是一种调节身心的手段。与自己和谐相处不是陶渊明"采菊东篱下，悠然见南山"的世事逃避，也不是婉约诗人李清照"守着窗儿，怎生独自得黑"的寂寞慨叹，相反却是为了不受寂寞的羁绊。

　　与自己和谐相处也是一种心境。学会了独处，便能浮生出淡泊。"静中念虑澄澈，见心之真体。闲中气象从容，识心之真机。淡中意趣冲夷，得心之真味"，才能对世上的一切大彻大悟。

　　越是不敢独处的人，依赖性越强，越是缺乏自主性和独立性，越是害怕孤独。我们也很难想像，一个不会和自己相处的人，可以很好地与别人相处；一个听不到自己心灵的人，可以很好地感受别人的思想；一个不尊重自己的人，肯定不能够去尊重他人。

　　我们必须腾出时间与自己和谐相处，因为它给了我们繁忙生活中一份难得的闲暇，给了我们浮躁心灵一个避风躲雨的港湾，也给了我们忙碌的心灵一次反省的机会。更重要的是，学会了与自己和谐相处，便学会了与自己为友，享受了翱翔于心灵世界的那一份轻灵和柔情，从而达到急而不乱，烦而不燥，恼而不怒的境界。

2. 人生的一切紧张，都是为了放松

　　包括领导者在内，人的一切紧张都是为了最终的放松。如艺术家台下的紧张排练是为了上台表演的放松；学生平时的紧张读书是为了考试的放松；劳动者紧张工作是为了改善自身经济状况，获得人生的放松；领导者的殚精竭虑，则是为了在具体操作中的放松；魔术师平时孤独地对着镜子排练就是为了使观众在精彩表演的欢声笑语中得以放松；我们一切文体娱乐活动的事先紧张准备都为了人民群众休闲的放松。因为放松才能使心灵充满活力，才能使心胸具有更大的容纳空间。

人类通过智慧和劳动的紧张把自己从动物中提升出来就是为了享受人生的放松。人是为享受生命的放松而活着，而不是为了紧张劳动来到这个世界。人为了放松必须紧张劳动，因为放松得有物质基础，紧张劳动是为了享受放松而必须支付的必要成本。

3. 懂得休息与懂得工作同样重要

人类的生活是矛盾的海洋。烦恼就是紧张，放松就是休息。休息，是人要获得放松而不可缺少的形式和内容。养生，是中国人认识休息及其具体实践的深化。中国人在谈到养生时，常常强调两种方法：一是动养；二是静养。动养，重在养身；静养，重在养心。无论是动养还是静养都伴随着休息。

休息的本质在于存在方式的改变。但在日常生活中，人的存在方式的改变是异常纷繁复杂的。你应当怎样去改变，怎样去休息，谁也不能开出一个适用于任何人的药方来。每一个人能够做的只是选择，选择自己适合的方式，因为适合自己的方式才是最好的方式。例如，学会有规律地生活，培养一些业余兴趣和爱好，倾心做一些自己喜欢做的事，艺术化地调控自己生活中的烦恼，所有这一切都是变紧张为松弛，变烦恼为快乐。可见，一个人只要你在精神上轻松愉快，你就能得到充分有效的休息。

由于精神上的休息是"心"的软休息，而身体的休息是"体"休的硬休息，所以，象形字的"休息"一词，充分体现了这两个内涵。"休"字是由左边的"人"，右边的"木"两个偏旁组成，意味着"休"是人靠在树木上的硬休息；而"息"字由上半部的"自"和下半部的"心"字组成，意味着"息"是自己的心真正放下来的软休息。两者相比，软休息比硬休息显得更重要，因为，心累比身累更容易损害健康。

诚如人们所知，只懂得工作而不懂得休息的人，最终会被工作压垮健康，那些长期带病坚持工作以致牺牲在岗位上的人，按儒家道德标准来衡量是"死得其所"的崇高者，若用"以人为本"的现代精神来衡量则是儒家"以道（北宋称儒家思想为道学）为本"、"以理（南宋和明代称儒家思想为理学）为本"的牺牲品。反过来那些注意休息的人，磨刀不误砍柴工，不但工作起来能精神抖擞，效率倍增，而且由于身体健康寿命也比一般的人长，这种事半功倍，利国又利己的事又何乐而不为呢？

4．智慧比聪明更重要

记得多年前，听不少出过国甚至在国外生活过多年的人说，中国人比外国人聪明。比如：外国人即使深夜在空无人车的马路上开车，只要前方红灯亮就会立即停车不前，等候绿灯亮起再开动；即使一张普通桌子不但看得见的桌面用油漆漆得铮亮，并且把桌板反面，即人们看不见的下方也用油漆漆过，甚至连桌脚着地的那一面也用油漆漆得极其亮堂。起先，大家会认为外国人不如中国人聪明言之成理，并且由此产生了不少民族自豪感。后来，随着改革开放，国际交往日益频繁，尤其是自己也有机会出国了，才知道这种自豪感只是一种误解。特别是到了德国，知道德国人的脑袋是"方"的，老太太不仅把自己的短裤洗得干干净净，而且还要将它用电熨斗熨烫得十分平整，这才知道德国人之所以科学技术领先世界，产品的精密可靠举世无双的根本原因是在于德国人的这种"不聪明"。看上去似乎很蠢，实际上是一种智慧。

聪明与智慧不同。聪明意味着一种技巧，一种手段，一种心机。例如，在汉朝末年的赤壁之战中，聪明的诸葛亮让老将黄盖略施苦肉计，取得曹操信任，以计谋诱使不习水性的北军用铁索将船只连结在一起，再草船借箭，利用刮东风的季节，火烧赤壁，以少胜多，打败了实力强大的曹操，取得了奠定三国鼎立的巨大胜利。这一依靠聪明取得的胜利充其量也只不过是一种谋略。智慧则是一种研究，一种思考，一种创造。例如，孔子给了中国人道德文章，老子给了我们辩证法，它们和佛教文化一起组成了中国传统文化，不仅使中国人明白了做人的道理，也使一代又一代的中国人懂得了如何处事，成就了一种认识世界、改造世界的心智和能力。可见，智慧是解决人整体素质提高之道，而聪明只是解决具体问题的一种谋略。

而且就聪明本身来说，也有"聪明反被聪明误"的问题。所谓聪明人常常会做蠢事。聪明人总以为自己比别人知道得多，这离无所不知也就只差一步之遥了。倾听建议对于成功来说至关重要，但是，一些聪明人却没有耐心听取比他智商低的人的意见。因为，智力超群本来就是一种容易孤立的因素。那些聪颖过人者往往自命不凡，极易固执己见，排斥合理化建议以至于最终走向反面。在某一领域显露出才华的人，并不意味着他无所不能，更不能确保他事事成功。这就是说，自负傲人，孤立偏狭，无所不能是"聪明反被聪明误"的根本原因所在。

由此可见，智慧不但比聪明更重要，而且智慧是永远颠扑不破的真理，聪明不但只能在某一场合发挥作用，还会出现"聪明反被聪明误"的问题。

5. 与睿智者同行，才能走得更远

汉字的"路"由"足"与"各"两个偏旁组成，意味着众人涉足之地称为路。人生之路可分为物化之路和精神之路，前者为道路，后者为心路。有人行万里路，走的是道路，获得不少见识；有人读万卷书，思想上走得很远，成为哲人。两者兼而有之者，古人称之为"行万里路，读万卷书"。中国历史上，唐代的高僧玄奘西天取经，不但一生的道路与心路都走得很远，而且其精神还影响着一代又一代的中国人。

今天的中国人出国留学，大多选择去西方，古人亦然，唐僧取经就是西去印度留学，学习佛教知识。神话小说《西游记》里的唐僧取经是小说家吴承恩笔下虚构的故事。在我们的国家里，这一故事可以说是家喻户晓，无人不知。小说的主角唐僧和他的三个弟子孙悟空、猪八戒、沙和尚，长途跋涉，遭受了九九八十一难，终于走完了古人认为十分遥远的路程，到达西天，取回了真经。这里面曲折离奇的经历，生动有趣的情节，不知吸引过多少人。古往今来，无数读者都为这三个跟随唐僧走完全程的弟子庆幸，他们之所以能战胜困难，修成正果，就是跟随着目标远大、方向正确的唐僧。

历史上，有真人真事的唐僧玄奘取经。虽然是真人真事，却同样惊险出奇，动人心魄！历史上的唐僧姓陈，名祎，生于公元604年，隋末唐初人，13岁出家为僧，法名叫玄奘。玄奘从小好学，为了钻研佛经，他周游了四川、湖北、河南、陕西等地，追访有名的佛学大师。可是佛教宗派很多，佛经的译文错误也很多，解释的经义往往互有矛盾。越钻得深，发现的问题越多。他决心亲自到佛教发源地天竺（今印度半岛）去，弄他个水落石出。

唐初，国家禁止私人随便出国。凡出入国境都要得到政府批准，取得称为"过所"的签证后才准许通行。玄奘曾多次向政府提出出境申请，但等了三年都没有拿到签证。于是，决心西游的他便在唐贞观元年（公元627年）八月，开始西行，准备偷渡。行至凉州，有偷渡嫌疑的玄奘遭官府访谍缉拿，于是东躲西藏，昼行夜伏，来到瓜州城外的唐代国境边关——玉门关(现已淹没于甘肃安西县双塔水库水面之下)时，看到凭河而建的玉门关，匏河(今疏勒河)下广上狭，洄波曲流，湍急难渡，一筹莫展之时，巧遇当地一个心慕佛法的胡人石槃陀，才绝处逢生，转危为安。由于石槃陀为玄奘的睿智所折服，他不仅在玄奘手里剃了度，成为玄奘第一个洋弟子，而且砍树铺草，垫沙搭桥，想方设法让玄奘过了匏河，并带着他绕过玉门关关口。

一路上克服了无数艰难险阻，玄奘终于在公元631年抵达摩揭陀国，并入天竺佛教最高学府那兰陀寺学习。后来，又游学天竺各地，著述立论，宣讲大乘，获得较大的声誉。

公元643年，玄奘启程回国。唐贞观十九年（公元645年）正月二十四日，西游逾17年的玄奘携梵文佛经657部和各种佛像回到长安，轰动了整个长安城，并在洛阳受到了唐太宗的亲自召见。

回国后，玄奘在唐太宗的支持下，组建了译经院，除了译出经论75部，总计 1335 卷外,还口述《大唐西域记》。该书是玄奘西行求法历时 17 年、行程 5 万余里、经过 100 多个国家所写的游记。内容相当丰富,涉及中亚、西亚、南亚地区内许多国家的山川地形、城邑关防、交通道路、风土习俗、物产气候、语言文字、政治经济、文化宗教等各个方面,并有不少佛教传说。全书共 12 卷,约 11 万字,记述的国家达 138 个以上,是我国古代一部极为重要的地理著作。公元 664 年,玄奘由于积劳成疾病逝,但他的睿智却永远照耀着后人,激励无数年轻人沿着寻求知识和追求真理的道路与他同行。

6. 超越知识,攀登人生境界高峰

人生在世,跳不出幸福、痛苦、平淡三种感受。诚如人们所知,物极必反,幸福是相对于痛苦而言的极端感受,而且由于人类欲望的无限性,决定了幸福感持续的短暂性。犹如在戈壁滩上顶着烈日行走的路人,饥渴难忍,当其内心痛苦无以言状之时,倘有人突然让他进入遮荫的帐篷里歇息,并递上一杯凉水、一片面包,此时,他的幸福感油然而生。但当他喝够了水,吃饱了饭,不再饥渴时,幸福感也就慢慢消失于无形之中,渐渐地归于平淡。可见,幸福永远是短暂的,比幸福多的感受是痛苦,比痛苦更多的感受则是平淡。这也许就是人们常常使用有痛苦垫底才有快乐的"痛快"和"平安是福"一类字眼来形容人生的根本原因。

人生在内涵气质上有四个不同的层次:最低一层是知识,比知识高一层的是文化,比文化高一层的是思想,比思想更高的是境界。以茶为例,种茶、采茶、制茶是知识,当成品茶叶进了茶馆,和水结合被施以茶艺便成了文化,唐宋时佛教徒通过品茶冥思苦索产生了顿悟的禅宗就进入了思想层次,若一个人进一步提高到以出世之心,行入世之事,做到宠辱不惊,那便进入了最高层次——境界,可见人生不仅要拥有知识,更要超越知识。汉字的"超"字意味着"走"在"刀""口"上,"越"字意味着"走"在"戉"(斧头)上,也就是说,一个人要达到"超越"的地步犹如行走于刀山、斧刃之上,艰苦卓绝,并非易事!

(八)追求幸福是人生永恒目标

1. 今天是你最年轻的一天

任何人,都离不开睡眠。当你睡下去,一觉醒来时,昭示着旧的一天——昨天,已经过去;新的一天——今天,又来临了。每个人都要珍惜今天,因为这无疑是你一生中最年轻的一天。只有幸福地过好每一个今天的分分秒秒,才能组合成快乐的人生。因为每个人都会有一天睡下去不再醒来,这时人们才发现他不再拥有明天,他的一辈子也就过去了。因此,每个人都要把生命中的每一天当作生命的第一天过,也要当作最后一天过。这就是说:你既要带着最初看到这世界的新鲜和惊喜,让充满好奇的眼睛

在寻常的天地间读出大美，让心与万物的美好交流中感到无比欣幸与满足；同时，也要带着即将辞世的留恋与珍惜，及时兑现梦想，及时将生命中的不如意，改写成大如意，宽宥他人，感谢命运，在晚霞中掬一捧纯粹的金色，映照心情。可见，每个人只要拥有"随时随地准备死，千方百计争取活"的思想准备，一定能从容、愉快地面对短暂而易逝的人生，过好你最年轻的今天！

2. 成功是一种心理满足

世界上很多人都希望自己的一生能实现价值，取得成功。帝王将相文治武功是成功，文学家写出不朽名著是成功，科学家创造发明是成功；至于泥水匠砌成一堵高质量的砖墙，农民种出一畦好庄稼，环卫工人把一座城市打扫得干干净净，同样是成功；甚至小朋友巧妙地回答老师提问也是成功。

由此可见，成功的外现是事功。而事功又没有大小之分，上至一国之君，下至黎民百姓都会有成功的感觉。可见成功的内涵是一种感受，要是在你的心中能找到这种感受便是最大的成功。譬如，你有机会入仕当官，当到什么级别算是成功？你经商赚到多少钱算是成功？这些并没有一定的衡量标准。因为你当再大的官，上面还有比你更大的，即使当到大国领袖还想当世界领袖；你赚再多的钱前面还有比你钱更多的，即使你算得上中国首富，还有世界首富在你前头！

可见成功没有划一的标准，不同的人有不同的成功感受，普通人有普通人的成功，特殊的人有特殊人的成功；并非升官发财，也非飞黄腾达才是唯一成功的标志。可见，成功完全是个人自身心理目标实现时的一种欣慰。否则世界上就不会有富翁自杀、皇帝出家、活佛还俗、学者投河等怪事出现了。因为他们的事功在旁人看来似乎很成功，其实他们的自我感受却完全相反，是失败和精神崩溃才会选择这种匪夷所思的结局。

3．幸福是一种感受

幸福不是以钱财衡量的物质标准，也不是以职位高低衡量的权力标准，而是一个人对自己工作和生活的喜爱程度，是愉悦和欣喜的自我感受。

记得有一次出国考察，我与在四星级宾馆里没有睡好觉的学智先生在法兰克福火车站对面的大街上，看到两个无家可居者蜷缩在街边酣睡。在提倡个人自由的德国，这两位乞讨者正在充分享受自己拥有的权利，快到8点钟了还无人敢去惊动他们的好梦！此时睡眼惺忪且不时打着呵欠的学智先生久久伫立并带着羡慕的口吻对我说："这两个老外真幸福！"的确，幸福是一种自我感觉，而不是一种绝对的物质标准。在人类世界，乞丐和皇帝都能找到各自的幸福。正如同行的一位朋友所指出的那样，当捡破烂者捡到一件值钱的东西时，其内心喜形于色的愉悦，不亚于军人战胜敌人，科学家攻克技术难关所感受到的幸福。

幸福首先是一种多元化的自我感受。倘世人仅仅将升官发财作为幸福的唯一标准，那将是大错特错！正如上海一位曾任某著名大学副校长的郑时龄院士所说的那样：当年他刚被提拔为副校长时，的确有过一阵兴奋，但当上下事务随之而来渐渐陷入矛盾漩涡，并且愈陷愈深之时，方知行政工作非其所长，当官不应该是他的幸福追求。后来，经过再三恳求终于盼到了被解除职务这一天，其幸福之感又油然而生。他兴奋地说：当一个专业工作者上无须受人掣肘，下无须管人，其乐无比。可见幸福是因人而异的一种感觉。恰如人之饮水冷暖自知，足之穿鞋合适与否只有自己的脚趾头才有发言权。特别是那些久任一把手的领导，手头所掌握的有限名利资源难以应对那些欲望无限的下属时，其痛苦与烦恼远远超过幸福与快乐。

同时，幸福也不是来自上天恩赐，而是自我奋斗的过程，只有结果没有过程也就不会有幸福。例如，某人某天获得从天而降的亿万财富，也许他会高兴得发疯，但他绝对没有诺贝尔奖金获得者、奥运会优胜者那种在长期艰苦卓绝的奋斗后一朝成功所感受到的幸福。

至于人生幸福何为先，古人说，人生幸福寿为先，我以为此话并不全面。一个人倘有寿而无健康，不仅本人痛苦，还累及家人；而有寿又有财者，则儿孙亲友觊觎，歹徒持刀待发，身家性命危在旦夕；有权势者则人人欲凭借其权力拉其本人及妻儿下水，谋求"四两拨千斤"，此等人士身陷囹圄以至杀身之祸无处不潜，有何幸福可言？哲人云"达人知命"，"达"者，通达、豁达是也，即明了自然规律，笑面自然规律。因此人生幸福应改为"达"为先，唯有达才能真正认识和笑面作为单程旅游的人生。如视坎坷为人生进步之阶梯，视一时辉煌为过眼烟云，视吃亏为便宜之始，视生老病死为人生之必然，视欢乐为一时之兴至，视离合为宴席之聚散，视家无余财为君子固穷，视家属亲人若友朋相聚，视挨整受压为锻炼提高……此皆达人知命之念，万事通达处之，不仅有利于延年益寿，而且有真正之幸福可言。

至于近年迅速致富者，为什么常常慨叹幸福感反而不如过去生活清贫之时呢？这不仅与人们基本需求获得满足后，额外的金钱所能带来的边际幸福愈来愈少有关，而且与迅速致富者自身对于生活的欲望越来越高更有关。因此，某些痛感于此的老者曾建言：在不愁吃、不愁穿的今天，与其成天西装革履奔走在名利场中，还不如粗衣布履，坐下来欣赏荷塘月色，倾听秦淮桨声,过一种简朴的田园生活来得更幸福一些。

4. 幸福要有成本

幸福对每个人都须臾不可或缺,对领导者来说也不例外,因为人生就是为了摆脱痛苦寻找幸福一路走来的。要知道水的宝贵必须付出干渴的代价,要知道吃饭的重要必须付出饥饿的代价,要获得幸福也不能不付出代价。这个代价就是经济学所说的成本,对于不同阶层的人来说,由于所处的环境和心态不同,各自付出的成本会有很大差异。对穷人来说不生病,能温饱便是幸福,目标定得很低;而富人的欲望却与钱财比翼齐飞,幸福的目标就定得远比穷人为高。因此,两者为追求幸福所付出的代价便有了很大的差别。

倘若你是穷人,一副大饼油条充饥,一辆旧自行车代步就是莫大的幸福,其成本也无非是一二元、数百元而已;而对富人来说,即使饱餐上万元一桌的山珍海味,乘坐数十万元、上百万元的高级轿车也许还激不起他们的幸福感。就成本而言,两者差距之大犹如天壤之别。

可见,人们尽管所拥有的钱财有多寡之分,但获得幸福并不会有很大差别,因为富人有钱,要获得幸福的成本高;穷人钱少,获得幸福的成本也低。心态与钱财,犹如水与船的关系:"水涨船高",穷人和富人都会找到自己的幸福。据说有人曾作过统计,甚至在某些情况下,钱少者比钱多者获得的幸福还多一些。

5. 欢乐与痛苦在所难免

人在自己的哭声中降生，在别人的哭声中离去。从出生到离世，弹指一挥间。欢乐与痛苦，成功与失败，哪一个人都在所难免。例如，人们都想做一番事业，都想取得成功，尽管有人经受了无数痛苦的煎熬，洒尽了艰辛的奋斗血汗，而到头来却与成功擦肩而过。因为，成功的概率和个人的付出不一定会成正比，成功有很大的偶然性，命运之神永远不会那么公平。有一些人能够成功，而另一些人恐怕穷其一生努力奋斗，仍然是两手空空。由于每个人的命运不同，有的人一生过得非常潇洒，享尽人间富贵，在他们的眼中人生非常美好；有的人一生过得穷困潦倒，历尽人间苦难，在他们的眼中人生痛苦不堪；而绝大多数人的人生则介于两者之间，波澜不惊，过得平凡而寻常。

人们常将"命运"两字合而为一，其实"命"与"运"各有千秋，生于富贵之家与生于贫贱之家乃是"命"之不同，末代帝王之被杀被废黜乃是"运"之不佳，如五代十国南唐之李煜生于帝王家乃命好成了一国之主，但惨遭亡国成后主乃运气不佳，而清末黎元洪在武昌起义时被蒋翊武等人从床底拖出就任鄂军大都督，结果中华民国成立后又成了副总统直至大总统乃为运好。可见命与运既有联系又有区别。

尽管谋事在人，成事在天，努力不一定都能成功，但不努力是一定不会成功的，这就意味着任何人都不能守株待兔，不但要发挥自己主观能动性，有所作为，努力奋斗，还要勇于面对不成功的痛苦。

人生在世，几乎都在理想和现

实中生活，因此形成了人生的两重性：一是现实的人生；二是理想中的人生。在理想的人生中，你可以尽情展开想象的翅膀，在太空中飞翔；既可以当高官，也可以当富翁；既可以和心中的白马王子共度良宵，也可以和梦中的情人一起漫步；既可以和心上人一起纵情欢歌，也可以和亲朋好友一起周游世界。

而现实的人生，却那么不尽如人意。它总是那么严峻，吃喝拉撒睡，油盐酱醋茶，哪一样都要操心，哪一样也不能或缺。它总是那么烦恼，不但要面对许多人情世故的应酬，又要面对许多流言蜚语的攻讦，还要为了生存而不停地奔波和企求。它总是那么责无旁贷，日复一日的工作有着无尽的创新压力，家中的老人和孩子需要照顾，亲戚和朋友需要帮忙。闭上眼睛想一想，自己就像一个上了发条的机器，一直不停地运转。

正因为欢乐与痛苦恰如一对孪生兄弟，紧紧伴随着我们苦短的人生，这就要求我们随时随地学会让自己心情灿烂，保持良好的心态。首先，做过的事不要后悔。经常可以看到不少人自怨自艾，为曾经做过的错事后悔不已，为过去的事而消沉，为过去的事而落魄。世上永远没有后悔药，如果真的有，那么许多人不惜花费千金也要购买；时光也永远不会倒流，如果时光倒流了，那么历史将会重新改写。过去的就让它过去吧！痛苦其实也是一剂良药，是与幸福相比较而存在的。

其次要心情愉悦，这是一个人修身养性的根本。心情愉悦，人就会神清气爽，精力充沛，人际关系和谐，工作效率提高。烦恼、忧伤不仅会搅乱一个人正常的工作生活，而且还影响人的健康，日久成疾，种下隐患。很多癌症和心脑血管病都和生气、郁闷的心情有着直接的关系。更确切地说，持久的坏心情就是人体健康的杀手，就是击垮健康的罪魁祸首。一个睿智的人，就会让自己保持乐观平和的心态，让心情时刻灿烂如晴空。烦恼、忧愁欺软，你越惧怕，烦恼越多，忧愁越深。不把苦难当回事，不把磨难当成苦，知难而进，以苦为乐，不仅是战胜坏心情的良方，也是人格升华的妙药。

作为领导者，不但要让自己心情好，还要让别人的心情好，它既是责任，也是修养。千万注意：既不要把家里的烦恼带向社会、带到工作单位；也不能把工作上的烦恼，带回家庭。有的人在家余气未消，到单位对同事乱发脾气，势必降低自己的威信，破坏融洽的同事关系。同样，有的人工作烦恼无处发泄，竟然将家庭成员当成发泄的对象，不仅使自己的烦恼升级，而且也破坏了和谐的家庭氛围。如果有老人，更不应该把不愉快的心情传给他们，使长辈折寿。

　　人世间，不管我们如何努力都无法逃避痛苦，但我们却很容易丧失快乐；我们无法逃避困难和烦恼，但我们很容易与生活中的祥和和欢笑擦肩而过！面对欢乐与痛苦，能做到宠辱不惊，去留无意，始终保持灿烂的心情，是个人生命质量的保障，也是个人修养与人生艺术的象征。只要我们以良好的心态，让自己心情灿烂，一定能排除烦恼，建立融洽的同事关系、温馨的家庭氛围和浓郁的亲朋情感。

6．常怀感恩之心，让幸福永驻

　　幸福是一种感受，也被人称为享受。享受分为两类：一类是肉体的物质享受，另一类是心灵的精神享受。人既有肉体就不能排斥肉体享受，物质的富足会给人以幸福感，但这种纯粹的物质享受不是人类独有的高尚享受，而是人类与牛马鸡犬所共有的享受，换言之，物质享受是动物性的享受，是所有动物都能感受到的享受，只不过人作为200万种动物之一种也不例外罢了。至于人之所以能超越禽兽，在于人拥有心灵的享受，拥有禽兽感受不到的内心幸福。这种心灵享受或内心幸福包括充满科学精神的"真"，终极关怀的"善"和人文情怀的"美"。

　　这就是说，人之所以区别于一般动物，在于人有感情、有道德，有正义之心、有感恩之情。我们常说的"尊师重教"、"孝敬长辈"就是中华传统文化中的感恩思想。"赠人玫瑰，手留余香"，古人非常重视感恩。因此，先辈们常常告诫我们："滴水之恩，当以涌泉相报"；"投我以木桃，报之以琼瑶"。

　　感恩，是中华民族的优良传统，也是一个人的基本品格。人的一生，有父母的生养之恩，老师的教育之恩，工作单位的知遇之恩，亲朋好友的关爱之恩，社会各界的扶持之恩，长辈领导的提携之恩。尽管很多父母、老师、同事、朋友、长辈、领导并不渴望得到回报，但作为子女、学生、同事、朋友、小辈、下属却不能忘记感恩。要感激生育你的人，感激抚养过你的人，感激教育过你的人，感激关怀过你的人，感激帮助过你的人，感激提携过你的人，甚至还要感激那些找过你麻烦使你接受教训变得更加老练的人。感恩是一种美好的情怀，是人性和人的高贵所在，是一种做人的道德，是一种处世哲学。

没有知识的人总爱议论别人的无知，知识丰富的人却常常发现自己的无知。作为一个领导者，要做到"有张有弛地学习，有声有色地工作，有情有义地交往，有滋有味地生活，有苦有乐地体验，终身与快乐相伴"。一定要明白"读万卷书，不如行万里路；行万里路，不如阅人无数；阅人无数，不如高人指路；高人指路，不如自己领悟"的道理，"启迪智慧，驾驭知识，与睿智者同行"，内涵上不断向境界超越，事业上把工作做成作品，生活上常怀感恩之心，其幸福就会常驻，人生永远美好！展现在人们面前的亦将是一个具有稳定的人格、宽阔的胸襟、自强不息的精神、愈挫愈勇的斗志和受人尊重的精英形象！

图书在版编目（CIP）数据

感悟领导 / 翁礼华著. —北京：中国财政经济出版社，2008.12
ISBN 978-7-5095-1115-2

Ⅰ.感… Ⅱ.翁… Ⅲ.领导学-通俗读物 Ⅳ.C933-49

中国版本图书馆CIP数据核字（2008）第193694号

中国财政经济出版社出版

URL: http://www.cfeph.cn

E-mail:cfeph@cfeph.cn

（版权所有　翻印必究）

社址：北京市海淀区阜成路甲28号　邮政编码：100142
营销中心电话：010-88190406　北京财经书店电话：010-64033436
北京联兴盛业印刷股份有限公司　各地新华书店经销
787×1092毫米　16开　14.5印张　206 000字
2008年12月第1版　2013年2月北京第3次印刷
定价：28.00元
ISBN978-7-5095-1115-2/F·0937
（图书出现印装问题，本社负责调换）
本社质量投诉电话：010-88190744